하나님과
관계없이
받는
고통들

하나님과
관계없이
받는
고통들

- 초판 1쇄 인쇄 2020년 11월 2일
- 초판 1쇄 발행 2020년 11월 9일

- 지은이 서샬롬
- 펴낸이 조유선
- 펴낸곳 누가출판사

- 등록번호 제315-2013-000030호
- 등록일자 2013. 5. 7.
- 주소 서울특별시 공항대로 59다길 276 (염창동)
- 전화 02-826-8802 팩스 02-6455-8805

- 정가 15,000원
- ISBN 979-11-85677-50-7 03230

The Suffering That Is Suffered Regardless Of God

하나님과 관계없이 받는 고통들

서샬롬 지음

내가 복음을 전하다가 당하는 고통, 예수님을 믿다가 당하는 박해, 주님의 뜻대로 살려 당하는 환란, 예수님을 믿는다는 이유 때문에 생기는 불이익, 이 모든 것은 다 하나님이 아시지만, 자기 고집, 성질, 교만, 욕심 등으로 당하는 고통들은 하나님과 관계없이 받는 고통들'이다.

출판사

누가

필리핀에서 자비량 선교사로 열심히 사역하는 서샬롬 목사가 나에게 자신의 첫 저서를 이메일로 보내 왔다. 서평을 해 달라는 것이다. 서 목사는 불신자의 가정에서 만 가지 박해를 받아가면서, 신체적인 약점을 극복하면서 신학을 공부하여 목사요 선교사가 되었다. 서 목사는 칼빈대학교 신학과를 다닐 때 내가 가르친 나의 제자였다.

서 목사의 책은 어려운 환경과 고통 속에서라고 불가능을 가능케 하시는 하나님의 역사하심을 맛볼 수 있는 책이다. 신학을 공부하는 학생들이나, 질병과 고통 속에서 방황하는 모든 성도들에게 큰 유익을 주는 생명력이 넘치는 책이라 추천한다.

이 책은 하나님과 관계없이 고통 받은 인물들 중에 구약 성경에서 15명, 신약 성경에서 4명 이상을 다루었다. 그리고 질병과 여러 가지 원인으로 고통당하는 그리스도인들의 사례를 통한 상담과 치유 사역들을 소개하였다.

우리 한국 교회가 자랑하는 1천 2백만 명의 성도, 3십만 명의 목회자, 25만 명의 장로, 6만 5천 개의 교회, 3만 명의 선교사, 3천 개의 기도원은 복음이 들어온 지 130년 동안 하나님께서 한국 교회를 통하여 이루신 일이다. 그럼에도 불구하고 기도원에서, 상담치유원에서, 심리상담원에서, 특정한 장소에서, 인위적으로 훈련을 통해 치유 받으려고 필사적으로 몸부림치는 기독교인들이 너무 많아서 안타까울 뿐이라 하였다.

인류를 대표하는 조상 아담이 불순종의 대가로 죄와 고통이 들어 온 이후, 이 지구촌에 살아가는 모든 자들은 '하나님과 관계없이 받는 고통들'

을 당하지 않는 자가 없을 것이라 하였다. 이 모든 고통들의 원인은 우리의 33가지 잘못된 신앙관으로 인하여 온다고 말하였다. 이 책을 추천하는 이유는 선교현장과 목회현장에서 체험한 지식과 경험이 오늘을 살아가는 우리에게 매우 유익한 책이라 생각되어 추천한다. 샬롬!

신청기 담임목사 (현. 미주 샬롬은목교회 시무)
전 칼빈대학교 신학과 주임 교수 역임, 총신대학교 교수역임, 총회 교육국장 역임,
미주 예장합동 총회장 역임

서살롬 선교사님은 필리핀에서 30년을 넘게 자비량 선교사역을 하시는 분이다. 선교사의 사명은 하나님의 특별한 부르심 없이는 감당하기가 힘들다. 그것도 후원하는 교회와 단체도 없이 타국의 볼모지에서 자비량으로 선교한다는 것 자체가 상상이나 될까 싶다. 그러나 서 선교사님은 지금까지도 수많은 역경과 고통 속에서도 하나님의 약속을 믿고 바울의 전도 여행을 하고 있다.

서 선교사님께서 이번에 출간한 『하나님과 관계없이 받는 고통들』이라는 책은 본인의 가족사와 선교지에서 사역하면서 말로서 표현할 수 없는 일들을 성경적 인물들을 비유하여 쉽게 우리에게 전해주고 있다.

사실 선교사역 뿐만 아니라 목회사역을 하다 보면 사역자들이 예상 못한 터무니없는 사건들이 교회 안에서 종종 일어나곤 한다. 그때마다 우리 사역자들은 하나님을 먼저 찾기보다 세상의 잣대로 자신을 변호하고 해결하려고 한다.

이런 점에서 본서는 다음 세대의 목회자들이 사역 현장에서 겪어야 할 일들에 대한 미래지향적 고민을 쉽게 해결할 수 있는 신앙적 해결책이 될 것이라 생각한다. 따라서 이 책이 한국 교회 목회자들과 평신도 사역자, 신학생, 선교사들에게 널리 전해지길 간절히 바란다.

안주훈 목사

한국 교회의 다음 세대를 위해 기도하는 / 서울장신대학교 총장 서샬롬 선교사를 2009년 서남교회에서 만났다. 찬양과 선교에 열정이 가득한 모습을 기억한다. PMAM (필리핀 형제, 자매) 찬양팀이 서남교회에서 찬양을 하고 목양실에서 대화를 했다.

서남교회가 필리핀에 선교를 준비하던 차에 만났기에 많은 대화를 했다. 마침 필리핀 사역현장에 예배당이 없음을 듣고 성전을 건축하기로 결정하였다. 선교사님과 대화할 때 늘 사용하는 단어는 찬양과 치유에 대한 것이었다. 선교사는 1984년도에 기관지확장증으로 판명받았을 때 이미 사형선고로 받아들이고 인생이 끝났다는 경험을 한 것이다. 그때 그를 살린 것이 혜성교회에서 제1회 혜성찬양제를 한다는 광고였다. 피가래를 쏟으면서 찬양 연습을 한 그를 오늘까지 주님께서 지켜주시지 않았는가 싶다.

이번의 책 『하나님과 관계없이 받는 고통들』은 어쩌면 저자의 고백이 아닐까 싶다. 지금도 저자는 고통을 끌어안고 싸우고 있습니다. 그래서 하나님도 모르는 고통을 끌어안고 살고 있는 사람들에게 예수님이 해답이라고 전하고 싶은 것일 것이다. 이 책은 알 수 없는 고통을 끌어안고 고민하는 교우들에게 큰 도움이 될 것입니다.

윤병수 담임목사
서울 서남노회 노회장 (통합) (현. 서남교회 시무)

교회 화단에 많은 꽃들이 피었다. 그 중 장미꽃이 단연 최고의 관심을 받고 있다. 그런데 장미꽃 아래서 오밀조밀 피어 있는 작은 꽃들이 있다. 누구 하나 관심을 주지 않는데도 전혀 아랑곳 하지 않고 울긋불긋 예쁘게 피었다. 사실 이 꽃들은 지난겨울 그 추운 날들도 눈보라도 말없이 이겨내고 지금 화려하지도 않고 너무 예쁘지도 않은 꽃들을 당당히 피어냈다.

사람들에게 주목받지 못한 채 장미꽃에 가려진 꽃처럼 살아남기 위해 사투를 벌이며 살아남은 서샬롬 선교사님이 계신다.

이 책은 전혀 신학적이지 않지만 선교현장과 목회현장에서 서샬롬 선교사님이 경험한 주옥같은 경험들을 생생하게 담아내고 있어 소중하다고 하겠다. 아직은 연약하고 가슴 시리게 아련한 육체를 가진 서샬롬 선교사님에게 주님께서 본인의 믿음대로 치유의 은총을 주셔서 살아가는 모든 날들이 건강하고 당당하기를 간절히 바란다.

이두형 담임목사
시인 (현 서인천제일교회 시무)

서샬롬 선교사님의 『하나님과 관계없이 받는 고통』이라는 책을 읽고 많은 감동을 받게 되었다. 그의 간증을 통해 하나님의 섭리와 주권 가운데 불러 주신 과정들을 통해 고난이 얼마나 신앙을 연단하게 하는지를 경험하게 한다.

불신의 가정에서 건져내시는 주님의 역사와 성령의 체험으로 하나님을 만남으로 온갖 핍박에서도 인내하면서 마침내 주의 길을 가게 하였다. 몸의 불편보다 중요한 것은 하나님을 향한 사랑과 복음의 열정의 중요성이었다. 하나님의 부르심에 항상 순종하며, 삶의 고통의 고비고비마다 하나님이 함께 하사 돕는 손길들을 통해 사명을 감당케 하신 것은 그를 향한 하나님의 계획하심을 보게 된다.

주를 만난 것도 기적이지만 고통에서 주님만을 의지하는 믿음이 너무 귀하다. 함께 사역하는 필리핀 선교사로써 그의 삶과 자세는 하나님만을 의지하며 믿음의 선교로 지금까지 사역하고 있다.

선교지에서 병들고 고통하는 영혼들을 위해 늘 기도하며, 구원의 길로 인도하기 위해 동고동락하면서 주의 제자들을 세우고 있다. 아픔의 자리 가까이에서 애쓰고, 수고하는 모습들을 보면서 예수님처럼 사랑을 실천하는 선교사이다.

그의 선교 활동들을 통해 큰 감동과 도전을 받게 한다. 구약과 신약에 많은 인물들을 나열하면서 『하나님과 관계없이 받는 고통들』을 잘 정리하여 주었다. 그리고 고통으로부터 자유를 찾는 자들에게 상담과 치유 사역들을 통해 하나님을 믿고 의지하게 함으로 스스로 적용하게 하여 "내가 아니요" 예수님이 짊어지신 십자가의 고통과 말씀을 인정하게 하므로 '하나님과 관계없이 받는 고통들'을 받지 말라고 강조하고 있다.

이 책을 통해 고통하는 수많은 사람들이 치유가 일어날 것을 기대하며, 서샬롬 선교사의 온 생애를 통해 깊은 생각 속에 생명 바쳐 경험된 귀중한 내용들이 고통하는 모든 사람들이 승리하는 삶을 살게 될 것이다. 『하나님과 관계없이 받는 고통들』의 책을 읽는 자마다 도움과 기쁨이 넘치게 될 것을 확신하면서 추천한다.

이동백 선교사 (GMS)
(한인 세계 선교사회(KWMF) 필리핀 지역 회장/ 필리핀 선교(PMA) 협의회 이사)

필리핀이 언급되면 늘 생각나는 친구가 있다. 혜성교회에서 청년 시절을 보냈던 막역한 사이다. 그의 책 가운데에 있는 말 그대로, 우리는 혜성교회를 통해 주님을 새롭게 만난 회심동기다. 서샬롬 목사는 이미 청년 때에 해외 복음전파를 위하여 필리핀으로 보내어졌다. 지금까지도 그곳에서 하나님 사역을 감당하고 있다. 그가 쓴 이 책, 『하나님과 관계없이 받는 고통들』을 읽으면 이 분이 어떤 삶을 살아 왔는가 마음으로 느끼게 될 것이다.

참 많은 해가 지났지만, 기록된 내용을 읽으니 혜성교회를 중심으로 전개되었던 수많은 신앙동지와의 교제와 나눔의 기억들이 엊그제 같이 아직도 또렷하다.

서샬롬 목사의 책은 있는 그대로 읽어 가면 된다. 자신의 인생 이야기요, 하나님께서 어떻게 지금도 우리 각각의 거듭난 사람의 인생에 살아 역사하시는지 증거로 드러내는 이야기들을 담고 있다. 거듭난 우리 신앙인들의 주변에는 하나님의 은혜와 기적을 체험하며 살아가는 사람들이 많이 있다. 하나님의 살아 역사하시는 증거이다. 그런데, 때때로 전 우주의 역사에 유일하게 자신에게 일어난 놀라운 하나님의 역사를 종종 잊고 살 때가 너무 많다.

사실 하나님 나라의 백성 된 우리 한 사람 한 사람이 하나님의 특별한 배려와 보살핌 가운데 있는 하나님의 가족에 속한 자녀가 아닌가? 서샬롬 선교사의 이야기는 정말 특별하다. 하나님께서 어떻게 한 인생을 당신의 영광을 위하여 변화시키고 사용하는지에 대한 산 증거이기 때문이다. 그렇기에 동일한 증거를 가진 우리가 이 책을 읽으며 함께 즐거워할 수 있

고, 아직 주님께 오지 못한 영혼들을 위해 추천하여 함께 하나님의 은혜
에 동참할 수 있을 것이다.

김요한 선교사 (현. 인사이더스 선교회 대표)

『하나님과 관계없이 받는 고통들』 책을 강추한다.

서샬롬 목사님은 그 무섭고, 살인적인 핍박과 환란 속에서도 성령 하나님의 강권적 역사를 통하여 살리셨다. 또한 지금도 살아계신 하나님을 경험케 하시고, 죽으면 죽으리라 피를 토하며 찬양하시고 수십 년 동안 필리핀 자비량 선교사로 쓰임 받고 있는 대목만 보아도 은혜가 된다. 그를 치유하신 하나님이 하나님의 방법으로 서샬롬 목사님을 통하여 많은 연약한 자 병든 자를 치유하신다.

서샬롬 목사님은 말한다.

귀신이 나가고, 병든 자가 치유 받고, 각 양 은사를 받는 것도 중요하지만, 제일 중요한 것은 하나님의 말씀이 100% 말씀으로 믿어지고, 하나님 아버지, 예수님 나의 구세주, 성령님이 나와 함께하심을 믿고 시인할 때 하루를 살아도 기쁘고, 신나고, 즐겁게 살아갈 수 있다고 강조하는 것이 이 책의 '핵심'이다.

윤치환 목사
현. 일사각오구국목회자연합, 지저스 아미 대표

나는 『성령과 동행하면 지치지 않는다』, 『고난은 나의 밥이다』, 『이겼노라』 3권의 도서를 예찬사를 통하여 출간하였다.

지구상에서 살아있는 사람들이 겪는 수많은 고통들을 호소하는 것에 대하여 서샬롬 목사님께서 '하나님과 관계없이 받는 고통들'인지, '하나님과 관계있는 고통들'인지를 분별력을 가지시고 책을 쓰셨다.

10년 전 『내가 아니요』라는 책을 출간 한 출판사의 소개로 서 목사님을 알게 되었다. 내가 쓴 책 『성령과 동행하면 지치지 않는다』 책을 단숨에 읽고 감동과 힘을 얻었다고 격려해주셨다. 나는 그 당시 치유의 기도로 사역을 하고 있었다. 서 목사님이 지으신 『내가 아니요』 책을 읽고 엄청난 변화와 사역의 방향성이 바뀌는 큰 깨달음이 왔다.

10년 동안 서 목사님과 필리핀과 한국을 오고 가는 무선통신을 이용하여 기도 제목을 나누고 상담하며 많은 문제들이 풀렸다. 나는 생각하기를 서 목사님은 '하나님과 관계가 있는 고통들'을 많이 받았다고 생각한다. 창조 이전부터 주님의 종으로 사용하시려고 예수님을 모르는 가문에서 죽음의 문턱을 넘나드는 삶을 보내셨다는 내용에 마음에 찡한 감동을 받았다. 약할 때 강함을 주시는 하나님께서 서 목사님을 통하여 일하고 계신다.

몇 년 전에는 신촌세브란스 병원에서 필리핀 청년 제리의 2차 재수술차 오셨다. 그리고 전화를 받고 입원실로 달려가 재수술 2시간 전 제리를 위하여 기도해주었다. 1차 수술을 할 때 1억 원 정도 비용들 것을 예고, 신촌세브란스 병원 사회 사업부에서 9천만 원을 지급하고 천만 원은 서 목사님 내외분이 준비하여 수술을 시키셨다. 본인 당신도 몸이 불편한 몸을 가지시고 아름다운 일을 아내 이영애 선교사님과 함께 하셨다. 그리고 아리랑TV에서 촬영하여 다큐멘터리로 방영도 하였다.

하나님께서 서 목사님을 통하여 하신일인 줄 안다. 그러나 그 선한 행보 그 자체가 내 마음 가운데 아름답게 남아있다. 『하나님과 관계없이 받는 고통들』책을 통하여 남녀노소가 치유 받을 것을 100퍼센트 확신한다.

이복자 권사
성산순복음교회 출석

서샬롬 선교사님의 『하나님과 관계없이 받는 고통들』 출간을 축하드
린다. 필리핀의 열악한 현지 선교지에서 숱한 문제들과 직면하면서
도 약속의 말씀으로 선한 역사를 기록할 뿐만 아니라 국내에서 치유
집회를 통해서, 상담 사역을 통해서 주님의 말씀이 어떻게 사망의 결
박 속에 속고 있는 심령들을 자유케 하는지를 생생하게 담고 있다.

필자는 사역의 현장에서 수많은 신자들이 사단에게 속고 산다는 것
을 제시하고 있다. 그리고 그 속임수를 하나님은 내 아버지, 예수님
은 내 구세주, 성령님이 내 안에 계심을 시인하고 믿으라고 해답을
준다. 그 결과는 놀라운 치유와 회복이 나타남을 여러 사례를 들어
제시하고 있다. 많은 신자들이 속고 있는 것은 의사의 의학 상식이든
자기 생각이든 전통이든 간에 잘못된 거짓 정보에 의한다고 한다. 그
리고 그것은 마귀로부터 기인한 정보인데 사람들은 속아서 그것을
마음으로 붙들고 악한 세력에게 이용을 당하고 있다고 진단한다. 그
래서 필자는 속지 말라고 강하게 경고한다.

수시로 나와 상관없이 찾아와서 내 마음 가운데 자리 잡는 걱정, 염
려, 근심, 불안, 초조, 두려움, 어두움이 내 속에 들어와서 자리를 잡
지 못하도록 "이건 내가 아니지" 하고 내쫓으라고 가르친다. 그리고
사역의 현장에서 이러한 가르침과 적용을 통해서 많은 신자들을 치
유 받게 돕고 있다.

믿음이 있다지만 능력을 상실하였고 구원의 감격이 희미해진 오늘의 교회와 선교현장을 향한 강한 도전을 주는 책이 출간됨을 축하드리면서 이 책이 많은 성도들과 목회자들 선교사들에게 읽혀지기를 추천한다.

조갑진 목사
전 서울신학대학교 부총장, 국가기도운동본부 대표

목차

들어가는 말

'하나님과 관계없이 받는 고통들'은 최초의 사람, 인류를 대
표한 "아담"이 원조다. 절대로 따먹지 말라는 선과 악을 구별하
는 선악을 알게 하는 나무 실과를 따먹는 순간 아담과 하와는
'하나님과 관계없이 받는 고통들'을 받았다. 그 결과로 에덴동산
에서 쫓겨났고, 아담과 하와가 동침 후 득남하여 그 이름을 가인
이라하고 또 하와가 잉태되어 둘째 아들을 낳았는데 그 이름을
아벨이라 지었다.

하나님께 제사 드리는 과정에서 하나님은 가인의 제사는 받
지 않았고, 아벨의 제사만 받으셨다. 가인은 분노가 치밀었고,
살인의 충동을 받아 사랑하는 아우 아벨을 돌로 쳐 죽였다. 이
비극의 참상, 이 잔인함이 오늘날도 여실히 밝혀지고 있다. 인류
의 최초의 성경에 기록된 친족 살인이 시작되었다.

그 상황을 접한 아담과 하와의 마음과 생각은 어떠했을까?
비통했을까? 아우를 쳐 죽인 형, 가인은 자신의 손에 들려 있는
피 묻은 돌, 머리가 깨져 피 흘려 죽어 있는 동생을 보며 어떤 모

습으로 괴로워했을까? 이것이 다 '하나님과 관계없이 받는 고통들'이다.

인류를 대표하는 조상 아담이 불순종의 대가로 죄와 고통이 들어왔다. 오늘날도 목사, 선교사, 장로, 권사, 집사, 사모, 평신도에 이르기까지 '하나님과 관계없이 받는 고통들'을 하루에도 몇 번씩 받는지를 물어보면, 저마다 당하는 고통들을 말할 것이다. 또한 그 사실을 깨닫지 못하고 아파하고, 힘겨워하며, 살아가는 기독교인들을 흔히 만나고 그들을 통해 이야기를 듣는다. 부부의 갈등부터 시작하여, 교회 안에서의 문제, 질병의 문제, 쌍방 간의 대립, 경제적 손실, 가족들과의 분쟁 등등 많은 사건 사고를 겪으면서 하나님도 모르는 고통을 끌어안고 살고 있다.

가룟 유다는 어떠했나? 예수님의 제자 12인 중 한 사람, 돈 궤를 맡은 사람. 그도 복음을 전하고, 귀신도 내어 쫓는 권능을 받았다.

예수께서 그의 열두 제자를 부르사 더러운 귀신을 쫓아내며 모든 병과 모든 약한 것을 고치는 권능을 주시니라 마태복음 10장 1절

12인의 제자는 질병을 치유하고, 복음을 전하고, 귀신을 쫓는 사역을 하였다. 가룟 유다도 그 당시에는 그 사역에 동참했다. 그러나 늘 예수님을 따라다니며 시험하는 자들, 예수님을 죽이려고 했던 그들, 대제사장에게 가룟 유다는 예수님을 은 30냥에

팔았다. 그 후 가룟 유다의 종말은 비참했다. 목을 매고 자살하였고, 목을 매단 나뭇가지가 부러지면서 곤두박질쳐져 배가 터져 창자가 흘러나와 죽었다. 가룟 유다도 결국 '하나님과 관계없이 받는 고통들'을 당했고 죽었다.

그밖에 교회를 이탈한 이단들도 있고, 교회 안에서 문제가 터지거나 썩은 냄새를 풍기면 어김없이 "하이에나"와 같이 썩은 고기를 먹기 위하여 달려드는 무리들이 있다. PD수첩, 2580, 추적60분, 스트레이트, YTN, JTBC, SBS, MBC, KBS, 뉴스앤조이, 한겨레, 경향신문 그리고 많은 언론사가 있다.

한편 생각한다. 위에서 거론한 메스컴 및 언론사가 없었다면 다양한 모습들로 교회 안팎으로 터지는 문제들이 교회를 침몰시켰을 것이다. 또한 그들의 뉴스를 접하다 보니 '하나님과 관계없이 받는 고통들'을 당하는 교회와 기독교단체들이 너무 많다.

이러한 뉴스를 통하여 시험 들어 안 나가(가나안) 교인들이 철새처럼, 영적 노숙자들처럼 되어 버리는 경우가 너무 많아졌다. 이 모든 것이 교회의 교세를 보고, 목사인 사람을 보고, 육적인 교회 생활에 쫓다가 어느 순간 교회의 문제가 터지면 시험 들어 '하나님과 관계없이 받는 고통들'로 교회를 이탈하고, 당을 짓는 것이다.

이것뿐인가! 목사들끼리, 선교사들끼리, 장로들끼리, 권사들끼리, 집사들끼리, 사모들끼리, 평신도는 평신도끼리 대립과 분쟁과 시기와 다툼을 일으키고, 교단은 교단끼리, 신학교는 신학교끼리 미움과 이간질, 이기심과 적개심으로 상처받은 자가 또한 상대방에게 상처를 주고, 편견과 편애, 거짓과 정죄, 성질부림과 분냄, 권위와 명예, 질투와 욕심 등등으로 고통하면서도 내심 들어내지 않다가 집에만 오면 분을 참지 못해 고통하는 기독교인들…

　그밖에 이 시간에도 찾아오는 질병들, 생각을 타고 들어오는 부정적인 악한 생각들, 수시로 생각하며 통증으로 시달리는 아픔들, 과거와 연관시켜 본인 자신도 고통하면서 남에게도 고통을 주는 심보들, 남을 의심하고 빈정대는 습관들, 여러 가지 안 좋은 일을 항상 생각에 저장하고 마음속으로 끌어 안고 과거에 붙들린 자들…

　유튜브 "너 알아 TV"에서 한기총 대표회장 전○○ 목사의 간증이다. 사모와 저녁부터 시작한 싸움이 다음날 오전 6시까지 지속되었다고 한다. 분을 참지 못해 하지 말아야 할 말을 했다. 목회고 뭐고 당장 노회에 가서 목사직을 사임하고 다 때려 쳐야겠다고 했는데 그 말을 하나님께서 들으시고 단번에 아들을 데리고 가셨다고 한다. 잠시 몇 초 동안 허공에 시선을 고정하시고 눈물 짓는 모습을 보았다. 어떠한 사고로 아들이 죽었는지는 모르지만 바로 즉사했다고 간증한다. 그만큼 큰 아픔과 고통이 있다. 즉 '하나님과 관계없이 받는 고통들'을 당한 것이다.

지금 이 시간에도 부부 갈등의 문제로 상심하며 목회하는 목회자가 모르긴 몰라도 많을 것이다. 그리고 찾아오는 것은 고통뿐인 것이다.

우리는 자랑한다.
12,000,000만 명의 성도
300,000만 명의 목회자
250,000만 명의 장로
65,000개의 교회
30,000만 명의 선교사
3,000개의 기도원

복음이 들어온 지 130년 만의 일이다. 이 모든 것이 성삼위 하나님께서 하신 일이다.

그럼에도 불구하고 기도원에서, 상담치유원에서, 심리상담원에서, 특정한 장소에서 인위적으로 훈련을 통해 치유 받으려고 필사적으로 몸부림치는 기독교인들이 너무 많다. 안타까울 뿐이다.

필자는 매일 저녁마다 필리핀에서 CBS 새롭게 하소서, CTS 내가 매일 기쁘게, GOOD TV 매일 주와 함께, C채널 회복 플러스, CGN TV 하늘빛 향기 등등 간증을 돌아가면서 YouTube로 시청한다.

하나님과 관계없이 받는 고통들

또한 FEBC 극동방송 앱으로 다운 받아 운전하면서 소망의 기도를 청취하다 보면 '하나님과 관계없이 받는 고통들'을 받는 수많은 목사, 선교사, 장로, 권사, 집사, 찬양 사역자, 연예인, 평신도에 이르기까지의 간증을 들을 수 있다. 그들은 각기 자신들의 간증으로 눈물 짓다가, 결국 승리의 간증으로 매듭 짓는다.

2019년 10월 22일 SBS 8시 뉴스에서 보도된 고령요양원에서 치매 노인폭행사건에서 요양원 원장 목사의 사모가 분을 참지 못해 막대기까지 들고 치매노인을 때리고 폭행하는 장면을 보았다. 기자 인터뷰를 통해서 "잠시 제가 이성을 잃었나 봐요."라며 잘못했다고 시인했지만, 목사의 사모가 폭행했다는 사건은 치명적이다. 결국 '하나님과 관계없이 받는 고통들'을 자처한 것이다.

교회의 안, 밖으로 터지는 사건 사고.
ㅅㅇ초대형교회 담임목사가 여 성도를 강제추행.
ㅎㄷ총회에서 목사가 가스총으로 위협하고 칼부림 난동.
ㅅㅁ교회 부목사가 담임목사를 폭행.
ㅁㅅ대형교회 비자금을 담당했던 장로가 고층 아파트에서 투신자살.
ㅅㄹ대형교회 부목사가 휴대폰으로 짧은 치마를 입고 다니는 여성들만 골라 속옷 찍는 변태적 행위.
ㅂㄷㅇㄹ교회 공 예배 때, 하나님의 말씀을 선포할 강단에서 '동성애에 관한 옹호 설교'로 문제를 일으킨 부목사.

이처럼 크고 작은 사례들이 '하나님과 관계없이 받는 고통들'
이다.

하나님, 예수님, 성령님, 성경 66권을 믿고, 세례까지 받고,
직분자이면서도 교회, 가정, 사업장, 직장, 기관, 학교, 병원과
사회와 삶 속에서, 특히 연예인들이 '하나님과 관계없이 받는 고
통들'로 고통당하는 기독교인들이 헤아릴 수 없이 너무 많다.

필자는 구속사적으로 이 책을 쓴 것이 아님을 밝혀 둔다. 신
학적으로 쓸려고도 해본적이 없다. 다만 구약의 인물들이나, 신
약에 나오는 인물들이나 모두가 공통된 점이 있다면 하나님의
말씀에 불순종한 대가로 쫓겨나고, 고통받고, 살인하고, 간음하
고, 가정이 불화하고, 자손들에게도 악영향을 미치는 모습과 현
실을 볼 때, 이것이 바로 '하나님과 관계없이 받는 고통들이다'
라는 감동을 주셔서 글로 표현한 것이다. 필자도 성삼위 하나님
의 절대주권과 섭리 속에 살고 있다.

의를 위하여 박해를 받은 자는 복이 있나니 천국이 그들의 것임이라
마태복음 5장 10절

징계는 다 받는 것이거늘 너희에게 없으면 사생자요 친아들이 아니니라
히브리서 12장 8절

내가 복음을 전할지라도 자랑할 것이 없음은 내가 부득불 할 일임이라 만

내가 복음을 전하다가 당하는 고통, 예수님을 믿다가 당하는 박해, 주님의 뜻대로 살려 당하는 환란, 예수님을 믿는다는 이유 때문에 생기는 불이익, 이 모든 것은 다 하나님이 아시지만, 자기 고집, 성질, 교만, 욕심 등으로 당하는 고통들은 '하나님과 관계없이 받는 고통들'이다.

생활 속에서 날마다 겪는 아픔과 고통을 수시로 겪으면서 살고 있는 내담자들의 상담과 사례의 글들을 모으고 성령님의 감동과 지혜와 기도로 책을 만들게 하신 성삼위 하나님께 감사와 영광을 돌린다. 또한 추천서를 써주신 목사님들, 선교사님들, 권사님께 감사를 드린다. 그리고 이 책이 나오기까지 끝까지 주님의 사랑으로 필자를 섬겨주시고, 함께하신 누가출판사 정종현 목사님께 감사를 드린다.

주후 2020년 5월
필자도 수시로 '하나님과 관계없이 받는 고통들'을 경험하며 살아간다.
필리핀에서 선교사역하는
자비량 선교사 서샬롬

서샬롬 선교목사의
특별간증

나에게 이르시기를 내 은혜가 네게 족하도다 이는 내 능력이 약한 데서
온전하여 짐이라 하신지라 그러므로 도리어 크게 기뻐함으로 나의 여러
약한 것들에 대하여 자랑하리니 이 는 그리스도의 능력이 내게 머물게 하
려 함이라 그러므로 내가 그리스도를 위하여 약한 것들과 능욕과 궁핍과
박해와 곤고를 기뻐하노니 이는 내가 약한 그 때에 강함이라

고린도후서 12장 9-10절

. . . .

할렐루야!
성삼위 하나님 아버지께 모든 영광을 돌립니다.

내가 약한 그때에 강함을 주시는 하나님을 만남

부모님으로부터 받은 이름은 서재호이나 서재호는 죽고, 예수님을 믿고 거듭나 서샬롬(호적명시)으로 개명하여 다시 태어났습니다. 저는 불교, 유교, 무속신앙을 가진 부모님 슬하에서 6남매 중 막내로 태어났습니다. 외가로 보나 친가로 보나 예수님을 믿는 분이 없었습니다. 두 살 때 소아마비를 앓아 왼쪽 다리에 지체 3급 장애를 갖고 있습니다. 단화를 신으면 보행에 매우 불편하여 사시사철 부츠를 신고 다녔습니다. 그리고 저는 양복을 입을 때 넥타이를 매지 않습니다. 왼쪽 소아마비 다리로 인하여 항상 몸의 균형이 왼쪽으로 치우쳐 있다 보니 잘생긴 얼굴에 넥타이를 매면 비뚤어져 보일 수 있습니다. 그래서 저는 양복도 기성복은 못 입고 맞추어 입습니다. 장애인으로 살아가는 것도 억울한데 정상인들 보다는 여러 가지로 비용이 많이 듭니다. 그러나 지금은 대한민국 보건복지부에서 50%를 보조해주어서 특수 구두를 맞추어서 신고 다닙니다. 그동안 일반 구두를 신을 때는 항상 왼쪽으로 몸 전체가 기우뚱하여 힘이 들고 피로하고 땀을 많이 흘렸으나 특수 구두를 신으니 전체 몸 균형을 잡아 주어서 보행 시 덜 피로하고 땀도 덜 흘리고 좋습니다.

무속신앙과 미신을 믿는 가정

저희 가정은 종교성이 매우 강한 집안이었습니다. 특히 어머니는 보살이라는 이름을 가지고 우상숭배와 무속신앙에 심취해 살아가고 계셨습니다. 대청마루 중앙에 돌부처가 있었고. 절에 다녀오시는 날이면 으레 것 부적을 가져와 안방, 건넛방, 마루, 부엌, 화장실 등에 도배하듯이 붙이셨으며, 그것도 모자라 천으로 된 부적을 이불 속, 베게 속, 속옷, 지갑에 넣고 다녀야 했습니다. 수시로 고사를 지내는 것은 물론이고 실타래 감은 북어와 탱자 가시나무를 천정에 달아놓았습니다. 음력 정월이면 자식들을 앉혀놓고 나갈 삼자, 들어올 삼자에 대하여 말씀하시며 특히 올 한 해는 나무 목(木)(예 李. 林. 朴)변을 가진 성(姓) 씨를 조심하라 하시곤 하셨습니다.

대보름 전날 자정(음력 1월 15일)에 잣 불을 켜서 가족들의 운세를 보곤 했습니다. 대바늘에 준비된 잣을 꽂고 성냥으로 불을 붙여 활활 타오르면 금년 한 해는 운수대통하고 아주 건강한 삶을 산다고 했습니다. 자식들을 앉혀놓으시고 순서에 따라 잣 불을 켭니다. 막내인 저의 잣 불은 기름이 흐르는 동시에 팍 튀다가 꺼졌습니다. 미신을 믿는 저의 부모님은 약해 빠진 나를 늘 걱정하셨습니다. 항상 저 때문에 죽어도 눈을 못 감는다고 하셨습니다.

이 예식이 끝나면 귀 밝음 술이라 해서 막걸리를 차서대로 마시게 했습니다.

대청마루 벽 한가운데 돌부처를 두시고 어머니는 항상 불공 및 합장을 하셨습니다. 또한 초상집에 다녀오면 대문에 불을 피워놓고 그 불길을 뛰어넘어 집 안으로 들어오면 어머니는 기다렸다가 굵은 소금 한 바가지를 한 움큼 집어 초상집 다녀온 자식들에게 소금을 뿌렸습니다. 그래야 잡기를 물리친다고 하셨습니다. 그것도 부족하여 어머니와 가족들은 한 달이 멀다 하고 무당굿을 하셨으며, 아버지는 항상 음식을 드시기 전에 고시레를 하셨습니다. 고시레를 하는 아버지는 윤회설을 믿고 있으셨고, 사람이 죽으면 짐승 될 수도 있으니 먼저 밥을 한술 떠서 마당에 던지면 그것을 받아먹은 귀신이나, 짐승들이 해코지를 안 할 것을 믿는 분이셨습니다.

그 밖에 여자는 문턱에 앉지 마라, 밤에 머리를 감거나, 휘파람을 불거나 손톱 깎지 마라, 다리 떨지 마라, 턱 고이고 앉지 마라, 더운밥을 먹을 때 후후 불지 마라, 젓가락, 숟가락을 짧게 잡지 마라 일찍 죽는다. 등등 미신적이고 무속이 강한 가정이었습니다.

제사는 1년 12달 지냈으며, 항상 자정에 제사를 하는데, 어머니는 팥시루떡을 만들기 위하여 물에 불은 쌀을 떡방앗간에서 곱게 빻서 집에 가지고 오시면, 먼저 쌀가루를 퍼서 큰 쟁반에다 골고루 쌀가루를 전체 덮은 다음 제사상 밑에 밀어 넣고 제사를 지냅니다. 순서에 따라 마지막에 제사를 마치고 음복을 돌아가면서 한 후 아버지의 제식에 따라 제사상에 넣어둔 떡가루 쟁반을 꺼내어 보면 새의 발자국이 찍혀있었습니다. 어린 나이에 제가 볼 때 매우 신기하였습니다. 아버지가 하시는 말씀이 돌아가신 할아버지가 새가 되어 하늘을 훨훨 날고 계신다는 것이었습니다. 이토록 저희 가정은 정말 미신에 찌든 가정임을 여실히 보여줍니다.

12년 만에 교회로 가 예배드림

초등학교 6학년 때, 전도받아 크리스마스 전날 동네 교회에 가서 성극도 보고, 고구마 과자, 비스켓 과자를 중절모자에 가득 받아 온 날을 기억합니다. 그 후 12년 만에 최명열 집사의 전도로 혜화동과 성북동의 첫머리 글자를 딴 혜성교회(전 담임 박광옥 목사 시무)로 인도받게 되었고 첫날 등록을 했습니다.

그러다 제 나이 25세 때였습니다. 대부분 우상을 섬기다가 처음 교회 나온 사람들이 머리가 무겁다, 가슴이 답답하다, 졸음이 한없이 쏟아진다, 식은땀이 난다 등으로 핑계하며 교회를 등집니다. 그런데 그와 달리 무거운 병든 몸을 이끌고 간 저는 온몸이 시원하고 가벼워져 훨훨 날 것만 같은 체험을 하였습니다. 교회 처음 나가 부른 찬송가 구543장 "저 높은 곳을 향하여"를 부르는 순간 하염없이 눈물이 흘렀습니다. 최 집사님을 통하여 예수 그리스도께서 내게 찾아오셨고, 예배 시간에 전하시는 말씀을 통하여 하나님께서 만나주셨고, 성령님을 통하여 신비의 체험을 할 수 있도록 하셨다는 사실을 믿게 되었습니다. 이 체험, 이 경험을 통하여 신학교를 다니면서 조직신학을 통하여 삼위일체 하나님이라 알게 되었습니다.

성령 세례

두 달이 지나 혜성교회 제1회 청년면려회 하기 수련회가 8월 초에 강원도에서 있었습니다. 3박 4일의 마지막 날 캠프파이어가 있었고, 점화식이 끝나고 모닥불이 점점 꺼져갈 즈음 찬양 인도자가 나와서 기타를 치면서 기도 인도를 시작했습니다. 나라와 민족, 한국 교회들과 섬기는 교회와 목사님을 위하여, 가정과 직장, 사업장, 개인을 위한 기도로 점점 뜨거워지기 시작했습니다. 나 자신의 앞날과 인격적으로 하나님을 만나기 위한 기도를 간절하게 드렸습니다. 얼마나 시간이 흘렀을까, 하얀 유니폼은 진흙 범벅이 되었고 얼굴은 눈물과 콧물, 진흙으로 뒤범벅이 되어 있었습니다. 그런데 곁에 있던 형제, 자매들이 저에게 축하해 주는 것이었습니다. 제가 기도하면서 데굴데굴 굴렀다고 합니다. 즉, 회개가 터졌고, 성령 체험을 하게 되었던 것입니다. 마음이 평안했고 가슴은 벅찼으며 세상이 정말 아름다웠습니다. 같은 날 성령 체험한 회심 동기가 있습니다. 그는 『무슬림 가운데 오신 예수』 저자 김요한 선교사(인사이더스 대표)입니다.

작은 형을 통한 살인적인 핍박

그러나 그 기쁨도 잠시뿐, 얼마 지나지 않아 가족들의 핍박이 시작되었습니다. 제 위에 작은 형의 핍박으로 죽을 고비를 여러 번 넘겼습니다. 수련회를 다녀온 그 달 8월 둘째 주에 72세로 아버지가 돌아가셨습니다. 돌아가시기 전날 사경을 헤매이고 계시는 아버지 앞에서 작은 형은 저를 폭행하였습니다. 이어서 아버지의 작은 신음 소리가 들렸습니다.

"애, 작은 애야! 몸도 성치 않은 동생 그만 때려라! 나도 막내 두고 눈을 감지 못하겠구나."

"아버지는 왜 재수없는 예수쟁이를 두둔합니까? 그래서 아버지가 일찍 죽는 겁니다."

작은 형은 예수쟁이 때문에 아버지가 돌아가셨다고 믿었습니다. 그 후로 형들의 광기 어린 핍박이 시작되었지만 오히려 이것이 저에게는 오직 예수님만 바라보게 했습니다.

어느 날 새벽 2시경 작은 형이 구두를 신은 채 안방으로 들어와 어머니와 함께 잠자고 있는 나를 구둣발로 걷어찼습니다. 워낙 허약한 나는 살기가 번득이는 형님에게 일방적으로 맞아야 했습니다. 한참을 때리다 갑자기 "심령이 가난한 자는 복이 있나니 천국이 저희 것이요 애통하는 자는 복이 있나니 저희가 위로를 받을 것임이요." 하면서 때리고 "너희 성경에 오른뺨을 맞으면 왼뺨도 대라고 했다지." 하며 따귀를 때렸습니다.

유리 재떨이

"이 자식아, 우리 집이 어떤 집안인데 네가 예수를 믿어. 오늘 밤 내 손에서 죽어라."하며 방바닥에 있던 유리 재떨이를 들어서 모서리 쪽으로 정수리를 몇 번이고 내리쳤습니다. 유리로 된 재떨이는 두께가 2인치 정도 되고 지름 둘레가 성인 손의 한 뼘 정도 되는 크기였습니다. 머리 정수리 쪽이 터져 피가 뿜어져 튀겼습니다. 그 광경을 보신 어머니가 겨우 재떨이를 빼앗고 형님을 밖으로 데리고 나가셨습니다. 나중에 알았지만, 옛날에 형이 미션스쿨을 다녔기에 성경 말씀을 인용한 것이었습니다. 매일 밤 일어나는 광기 어린 핍박은 피를 봐야만 끝이 났기에 동네가 떠들썩했습니다.

주기도문을 주문하듯이 외다
늘 새벽 2시면 핍박을 받다 보니 그 시간만 되면 자다가도 놀라 잠에서 깨어 심장 고동 소리를 들으며 주문 외듯 주기도문을 했습니다.

"하늘에 계신 우리 아버지여 이름이 거룩히 여김을 받으시오며 나라가 임하시오며 뜻이 하늘에서 이루어진 것 같이 땅에서도 이루어지이다 오늘 우리에게 일용할 양식을 주시옵고 우리가 우리에게 죄 지은 자를 사하여 준 것 같이 우리 죄를 사하여 주옵시고 우리를 시험에 들게 하지 마시옵고 다만 악에서 구하시옵소서 나라와 권세와 영광이 아버지께 영원히 있사옵나이다 아멘!"

식칼이 배를 찌르는 순간
어김없이 새벽 2시만 되면 찾아오는 두려움과 무서움은 계속되었습니다. 어느 겨울 날, 눈이 많이 내렸습니다. 형은 술에 취해 "예수쟁이 나와!"하면서 대문을 걷어차고 긴 부츠를 신은 채 안방으로 들어와 머리를 짓밟기 시작했습니다. 저를 일으켜 앉으라 하더니 소리쳤습니다.
"내가 너희들이 말하는 사탄이다."
정말 형님이 아니었습니다. 눈은 살기와 핏발로 번뜩였으며, 금세라도 나를 죽일 것만 같았습니다. 갑자기 제 입에서 "형님

하나님과 관계없이 받는 고통들

도 예수 믿으세요." 하는 말을 했는데 자기더러 예수 믿으라고 했다면서 더욱 흥분하기 시작했습니다. 커다란 손에 목덜미가 움켜 쥐인 채로 제 몸이 공중으로 들려 올라가는 듯싶더니 방바닥에 패대기 쳐졌습니다. 방바닥에 쭉 뻗어 숨을 헐떡이는 내 몸에 형이 올라타 두 손으로 목을 조르며 죽으라고 고래고래 소리를 질러댔습니다. 그 당시 형님의 몸무게는 95Kg이고, 나는 38Kg 정도였습니다. 형님은 워낙 싸움 잘하기로 동네에서 소문이 날 정도라 감히 어느 누구도 형을 건드릴 사람이 없었습니다.

악한 원수 마귀는 형님을 통해 저를 죽이려고 안간힘을 썼습니다. "네가 성경에 나오는 스데반이냐? 병신이 꼴값 한다더니 한쪽 다리마저 못 쓰게 만들어주마! 그러면 교회를 못 가겠지!" 하며 혈기를 억제하지 못하고 부엌으로 들어갔습니다. 뒤를 따라 들어가신 어머니의 다급한 목소리가 들렸습니다.

"막내야! 형이 부엌칼을 잡았다! 도망가라!"

그 당시 저의 집은 기역자 기와집이었습니다. 안방과 부엌을 연결하는 즉, 밥상이 들어오는 쪽문을 통하여 부엌으로 들어가 부엌칼을 잡은 것이었습니다.

황급히 안방에서 마루를 통해 내복을 입은 채 나는 맨발로 뛰어나와 마당으로 향했고, 부엌칼을 들은 형은 부엌에서 바로 마당으로 뛰쳐나와 나를 향해 든 칼끝이 사정없이 나의 복부로 향하여져 찌르는 순간 나는 반사적으로 칼날을 오른손으로 잡았습니다. 칼을 잡은 손에서 피가 흐르는 그 찰라 어머니가 소리소리 질러 옆방에 세 들어 사는 사람들이 나와 형과 몸싸움을 해서 부엌칼을 빼앗았으나, 칼을 빼앗긴 동시에 형은 세워둔 삽자루를 들고 사정없이 나를 향해 던졌습니다. 미끄러지듯이 뛰어가는 나보다 앞서 삽자루는 꽝하고 철 대문에 맞고 떨어졌습니다. 나를 향하여 던진 삽자루가 내 등 아니면 뒤통수에 맞고 떨어졌으면 나는 그 자리에서 큰 부상을 당했을 것입니다.

나는 밖으로 도망쳐 나와 맨발로 발이 시린 것도 망각한 채 흰 눈을 밟으며 사촌 형 집으로 피신하였습니다. 지금도 오른손 엄지손가락 사이에 칼로 베인 흉터가 남아 있습니다.

어머니가 1999년 7월 17일 80세 나이로 소천하셨습니다. 일주일 동안 식음을 전폐하시고 누워계셔서 기저귀를 채워드려 거기에 용변을 볼 정도로 매우 위독하셨습니다. 돌아가시기 전날, 밤새 어머니를 간호해 드리고 늦은 새벽 한 여름, 민소매 런닝과 드렁크 팬티를 입은 채 자고 있었습니다. 방문이 열리는 듯 하더니 저를 깨워서 양반 자세로 앉혀놓고 벽에 걸려있는 가로, 세로 120cm 유리 거울을 떼어서 유리 쪽으로 사정없이 내 머리 정수리를 향해 내리쳤습니다. 거울은 산산이 내 머리에 맞고 부셔졌으나, 성령님께서 막아 주셔서, 유리 조각 하나도 파편 하나도, 내 살을 파고 들지 못했습니다. 이유는 어머니 장례를 기독교로 한다는 소리를 듣고 와서 이유 불문하고 유리 거울로 폭행한 것입니다. 엄마와 함께 묻어 버린다고 고래고래 소리를 지르면서 때렸습니다. 1982년 8월에 아버지가 돌아가실 때도 하루 전날 저를 무자비하게 때리더니 17년 만에 또 어머니가 돌아가시기 전날 역시 작은 형의 매를 맞고 장례를 치루었습니다.

또 어떤 이들은 조롱과 채찍질뿐 아니라 결박과 옥에 갇히는 시련도 받았

하나님과 관계없이 받는 고통들

으며 돌로 치는 것과 톱으로 켜는 것과 시험과 칼로 죽임을 당하고 양과 염소의 가죽을 입고 유리하여 궁핍과 환난과 학대를 받았으니

히브리서11장 36–37절

믿음의 선배들이 겪은 고통의 아픔을 내가 직접 목격하거나 당하지 않았지만, 간증을 써 내려가면서 느낀 점은 예수님 한 분 때문에 받는 핍박. 환난과 죽음의 고통을 일사각오로 주기철 목사님을 비롯하여 믿음의 선배들은 못 판을 걷고, 타는 불꽃 가운데 지날지라도 성령님께서 고통을 막아 주심으로 그 핍박을 이길 수 있었다 봅니다.

유리 재떨이가, 부엌칼이, 또한 유리 거울로 내려쳤을 때 기절도 하고, 구둣발로 채이고, 한 움큼 빠져 나갈 정도로 머리채를 잡히고, 쌍코피가 터질 정도로 양쪽 뺨을 번가라 맞고. 주먹으로 맞아서 입술이 송곳니에 맞물려서 찢어지고 상처가 나고, 멱살이 잡힌 채 차단스 쪽으로 밀쳐서 차단스 앞 유리가 깨지면서 팔 뒤꿈치가 찢어져 심하게 다쳐 피가 멈추지 않아 119에 실려 가기도 하고, 사실 맞아서 아픈 것 보다 현장 속에서 겪어야 하는 공포의 분위기, 두려움과 떨림, 폭행과 폭언을 하루가 멀다 하고 새벽 2시경에 당하는 현실이 아찔한 것입니다.

그러나 이는 그들의 율법에 기록된 바 그들이 이유 없이 나를 미워하였다 한 말을 응하 게 하려 함이라 요한복음 15장 25절

무릇 그리스도 예수 안에서 경건하게 살고자 하는 자는 박해를 받으리라

디모데후서 3장 12절

어머니로부터 집에서 쫓겨남

그러다 보니 잠을 자면서도 헛소리를 했고 꿈을 꾸면 승려들이 나와 목탁을 치면서 괴롭혔고. 거대한 석가모니가 빙그레 웃으면서 두려움과 무서움을 주었으며, 악한 영들이 밤낮으로 가위에 눌리도록 역사했습니다. 이러한 과정에서 내 믿음은 성장해 갔으며 오직 예수님만 바라보며 하나님의 말씀과 신앙생활에만 전심을 다했습니다. 그런 와중에도 하나님의 은혜로 한 번도 주일 예배를 빠진 적이 없습니다.

어느 토요일 오후였습니다. 집에 돌아와 보니 아무도 없었습니다. 순간 이때다 하는 감동이 생겼습니다. 도배하듯이 붙여놓은 부적을 떼고, 미신에 속한 것들을 마당에 모아놓고 예수의 이름으로 불에 태웠습니다. 친척 집 잔치에 가셨다가 늦게 돌아오신 어머니는 자리에 눕자마자 천정에 부적이 떼어진 자국을 보시고 벌떡 일어나 욕설을 하시기 시작했습니다.

"너나 예수를 믿든지 나부랭이를 믿든지 하지 왜 내가 믿는 것들을 방해하느냐! 당장 나가! 내 눈앞에서 없어져!"

다른 사람이면 몰라도 어머니가 야박하게 하시니 그렇게 서러울 수 없었습니다. 결국 집에서 쫓겨나 몇 개월을 교회에서 살다시피 했습니다.

"여인이 어찌 그 젖 먹는 자식을 잊겠으며 자기 태에서 난 아

하나님과 관계없이 받는 고통들

들을 긍휼히 여기지 않겠느냐 그들은 혹시 잊을지라도 나는 너를 잊지 아니할 것이라 내가 너를 내 손바닥에 새겼고 너의 성벽이 항상 내 앞에 있나니"(이사야 49장 15-16절) 말씀을 통해 위로를 받았고, 하염없는 눈물을 쏟았습니다. 날 낳아주신 부모도 나를 모른다 하지만 하나님 아버지께서 잊지 않으시고 하나님의 손바닥에 새기셨다는 말씀에 큰 감동과 평안과 새 힘을 얻었습니다.

보살을 통한 맛있는 음식을…

한번은 어머니께서 보살을 찾아가 점을 보셨는데, 보살이 하는 말이 당신의 아들 막내가 앞으로 오래 못 살고 죽게 되니 죽은 다음 후회하지 말고 맛있는 음식이라도 만들어서 먹게 하고, 살아있을 때 잘 해주라고 당부했다는 것이었습니다. 어머니는 그때부터 저에게 잘해주셨습니다. 하나님께서는 보살을 통해서라도 맛있는 음식을 먹이시고 보호하시는 것을 깨달았습니다.

돌부처 우상 단지를 던져 부수다

수요일 저녁이었습니다. 몇 년 전 중동으로 일하러 갔다가 돌아온 둘째 형은 저를 많이 사랑하는 분이었습니다. 집에서 혜성교회는 약 1시간 30분 정도 버스로 다녀야 했습니다. 수요 예배를 마치고, 청년회의 기도 모임을 갖고 집에 오니 밤 12시가 넘었습니다.

작은 방에 있던 형은 내가 늦게 들어오는 소리를 듣고 "몸도 성치 않은데 일찍 일찍 다녀라!" 하셨습니다. 나는 그 소리가 반가워서 말대꾸를 했습니다.

"형님도 늦을 때가 있고, 일찍 들어올 때가 있듯이 오늘 늦었습니다."

그 순간 형님이 방안에서 뛰어나와 내 머리카락을 움켜쥐고 막 흔들면서 따귀를 이쪽저쪽 때리셨습니다.

"야! 이 자식아! 내가 너를 생각해서 한 소리인데 어디서 말대꾸야!!"

발로 걸어차이고, 엄청 맞았습니다.

늘 대청마루에 발을 들여 놓을 때마다 "대청마루에 놓여있는 우상(돌부처) 단지가 마음에 걸렸습니다. 실컷 매를 맞고 등을 돌려 밖으로 향하는데 돌부처가 눈에 들어왔습니다. 있는 힘을 다해 그 돌부처를 번쩍 들어서 콘크리트 바닥 마당에 내어 던져 박살을 내었습니다. 그 길로 울면서 맨발로 밖으로 뛰어나갔습니다.

영과 육이 분리되는 신비한 체험

"얘야! 형님이 너를 미워서 때린 것이 아니니 네가 이해하고 그만 집으로 들어가자!"

"어머니! 저 혼자 있게 내버려 두시고 먼저 집으로 들어가세요!"

어머니가 집으로 가신 후에도 나는 등마루에 앉아서 계속 어깨를 들먹이면서 흐느껴 울었습니다. 죽고만 싶다는 생각이 드는 순간 영과 육이 분리되면서 통일찬송가 464장 "곤한 내 영혼

하나님과 관계없이 받는 고통들

편히 쉴 곳과", "주의 영원한 팔 의지해" 찬양이 가사없이 천국의 오케스트라 음악 소리로 천상의 음악 소리가 울려 퍼지면서 음성이 들려왔습니다.

"나는 너를 위하여 몸 버려 피 흘려 너를 살렸는데 너는 이 일로 인하여 죽으려 하느냐!"

예수 그리스도의 음성이 사라지면서 음악 소리도 사라지고 분리된 영과 육이 하나로 합체가 되는 신비한 체험과 말로 형용할 수 없는 은혜를 입었습니다. 이 세상에는 수많은 유명한 음악과 오케스트라가 있지만 이 세상에서 들을 수 없는 천국의 음악 소리를 들었습니다.

사도행전 20장 24절을 사명으로 받다

저는 그 길로 맨발로 동네 교회에서 생전 처음으로 새벽예배를 드리고 사도행전 20장 24절 말씀 "내가 달려갈 길과 주 예수께 받은 사명 곧 하나님의 은혜의 복음을 증언하는 일을 마치려 함에는 나의 생명조차 조금도 귀한 것으로 여기지 아니하노라"를 받았습니다.

형님께 지난밤 일들을 빌고 화해를 했습니다. 신앙이 깊어지고 열심을 내어 교회를 섬기는 중 내 몸이 많이 약해졌습니다.

십수 년 만에 만난 큰 누님

얼마 전 한국에 나갔다가 어머니 벌 되시는 혈육 큰누님과 연결이 되어서 만났습니다. 아내와 같이 수십 년만에 만났습니다. 누님은 내가 형들로부터 견디기 힘든 핍박을 받고 살아왔음을 모르십니다. 다짜고짜 하시는 말씀이 "너를 누가 키웠는지 아느냐?" 하셨습니다. "6·25 전쟁이 끝나고 먹고 살기 위하여 어머니 아버지는 장사하러 나가시면 내가 네 똥, 오줌 기저귀를 빨고, 내 등에서 업어서 키웠다. 너는 갓난아기 때부터 경기가 심했고, 늘 아팠단다. 어느 날 온몸이 불덩이가 된 너를 보고 왼쪽 다리가 이상하다시며 빨리 병원에 데리고 가라고 엄마가 급히 내 등에 너를 업히고, 나도 놀라서 황급히 이 병원 저 병원 뛰어다녔고, 한약방에 가서 침도 맞히고, 집 두 채 정도 팔아서 낫게 한 것이 오늘 네가 소아마비로 살아가는 것이 그나마 천만다행이다." 하시면서 "네가 목사가 되었다는 소리를 들었다. 참 잘했다." 하셨습니다. 큰누님과 식사를 마친 후 헤어져서 숙소로 돌아오는 차 안에서 아내 사모가 말했습니다.

"여보! 큰누님이 당신 만나기 하루 전에 꿈속에서 당신 엄마를 보았대요. 당신 때문에 제삿밥을 못 얻어먹어서 원통하다고 하셨다고 하네요."

그런즉 내가 무엇을 말하느냐 우상의 제물은 무엇이며 우상은 무엇이냐 무릇 이방인이 제사하는 것은 귀신에게 하는 것이요 하나님께 제사하는 것이 아니니 나는 너희가 귀신과 교제하는 자가 되기를 원하지 아니하노라 너희가 주의 잔과 귀신의 잔을 겸하여 마시지 못하고 주의 식탁과 귀신의 식탁에 겸하여 참여하지 못하리라 고린도전서 10장 19-21절

심하게 당한 핍박의 원인
아버지가 장손이라 모든 제사는 저희 집에서 드렸습니다. 작

하나님과 관계없이 받는 고통들

은 아버지들을 비롯하여 사촌 형님들이 모이면 30, 40명 정도가 모입니다. 내가 예수님을 믿기 전에는 아버지가 차례상 차리는 것을 도와 드렸습니다. 밤 깎는 것을 비롯하여 붉은 과일은 동쪽, 흰 과일은 서쪽으로(紅東白西, 홍동백서) 하여 차례상 과일 담당은 나였습니다.

아버지가 돌아가시고 나는 제삿날이 오면 제사를 드리지 않았습니다. 그랬더니 "네가 어떻게 아버지 없이 태어났느냐, 이 호로 상놈에 자식아!"하며 집안이 시끄러웠고, 나는 따로 밥상을 차려주어서 먹었습니다.

보건소에서

교회를 다니기 전, 예수님을 믿기 전, 20대 초반까지 투병 생활을 하였습니다. 어느 날 몸을 숙여 집 마당을 쓸고 있는데 갑자기 입과 코로 묽은 가래가 쏟아졌습니다. 놀라 보건소에 찾아가 X-Ray를 찍었습니다. 일주일 후에 결과가 나왔는데 아무 이상이 없다는 것이었습니다. 그런데 왜 묽은 가래가 쏟아지냐고 물으니 혹 결핵일지 모르니 약을 먹어 보자고 했습니다. 이틀 정도 약을 복용했는데 구토하기 시작했습니다. 결핵약은 독하기도 하고 양도 많았으며 소변볼 때마다 소변 색깔이 붉었습니다. 보건소 소장이 방사선 X-Ray를 권장하고 삼선교에 있는 동인방사선과(지금은 없어짐)를 안내해주었습니다. 방사선 X-Ray 검사를 하였더니 결핵은 아니고, '기관지확장증'으로 판명되었습니다.

왼쪽 폐가 이미 하얗게 확장된 상태라 잘라내고 인공 폐를 넣어야 살 수 있다고 했습니다. 그 말을 듣는 순간 죽는구나 싶었습니다.

사형선고를 받다

혜성교회 전 교인이 나 한 사람을 살리기 위하여 유치부로 시작하여 장년부에 이르기까지 특별기도 및 헌금을 해주셨습니다. 혜성약국 약사이신 김 권사님의 도움으로 수술을 받기 위하여 서울대학병원에 입원을 했습니다. 입원과 퇴원은 그 당시 청년 회장 서기원 형제(현. 부천 몽골교회 서기원 담임목사 시무)가 보호자가 되어서 나와 함께 하였습니다. 가족들로부터 교회 다니고, 예수님을 믿는다고 버림받은 처지라 나는 늘 혼자였습니다.

한 달 가까이 되어 내시경 검사를 했고, 그 결과 왼쪽뿐만 아니라 오른쪽 폐도 역시 잘라내야 한다고 했습니다. 다시 말해서 양쪽 폐 모두를 들어내야 한다는 것이었습니다. 담당 주치의 말씀은 최첨단으로 과학과 의학이 발달했어도 양쪽 폐를 절단하지는 못하니 기관지확장증은 못 고친다는 것이었습니다. 그 즉시로 저는 사형선고를 받았습니다. 그때가 1984년도였습니다.

'이제 여기서 죽는구나' 생각하니 정말 하늘이 노래졌습니다. 주체할 수 없는 뜨거운 굵은 눈물이 앞을 가렸습니다. 왼쪽 폐만 잘라내고 인공 폐로 이식하면 하나님이 주신 생명까지 산다고 했는데… 엄청난 두려움이 몸을 무겁게 하였습니다. 그 순간 '하나님이 직접 고쳐주시려고 사람의 손을 못 대게 하시는 것이로구나!'하는 감동을 받았습니다. 아무리 의사가 사형선고를 내렸다 하더라도 생명을 주관하시는 분은 하나님 아버지이심을 믿었습니다. 결국 우리 모두는 하나님 앞에서 시한부 인생이라는

하나님과 관계없이 받는 고통들

것을 알았습니다.

기관지확장증에는 선천성과 후천성이 있는데, 저는 후천성 기관지확장증이었습니다. 생후 백일기침(백일해)을 하였는데 감염되어 기관지가 확장증이 되는 것입니다. 그 당시 백일해에 걸리면 1살 아래는 다 죽는 병이었습니다. 어릴 때 시작하여 보통은 50대 초반이나 그 후에 나타나는 증상인데 저는 빨리 진행되었던 것입니다. 이해를 돕기 위해 굵은 파를 예로 들겠습니다. 굵은 파의 몸통을 기도로 보고 실뿌리를 기관지로 보면 됩니다. 건강한 기관지는 머리카락 정도의 가느다란 모세혈관입니다. 그런데 이 가느다란 모세혈관 같은 기관지가 손가락 굵기만큼 확장되어 폐의 기능을 못하도록 하는 병이 기관지확장증입니다. 증세로는 숨을 못 쉬게 하는 것은 물론이고 한번 기침이 나오기 시작하면 항문이 빨려 들어가는 느낌과 눈알이 빠질 것 같고, 갈비뼈가 으스러질 만큼 기침을 하며, 원인 모를 피와 묽은 가래를 쏟아내야 하고 그 다음은 사지관절과 팔, 다리가 쑤시는 아픔과 고열, 오한을 겪어야 했으며, 한여름에도 추워서 떨어야 했습니다. 한여름에도 늙으신(지금은 고인) 어머니가 두꺼운 솜이불로 몸을 감싸주어도 추웠습니다. 내 평생 누워서 잠 자보는 것이 소원이었습니다. 누우려면 피가래가 기도를 막아서 숨을 못 쉬게 할뿐더러, 피가래를 한 대접씩 쏟아내는 환자였습니다. 어머니가 요강을 제 방에 넣어주시면 거기에다 객혈했습니다. 잠을 잘 때는 어머니가 등 베개를 해주시면 앉아서 잠을 청해야 했고, 음식물은 다 토했으며, 뼈와 가죽만 남은 몸은 죽는 날만 기다리는 시한부 인생이 되었습니다. 숨이 가빠 긴 시간 대화한다는 자체가 무리였습니다. 병원에서는 공기 좋은 곳을 찾아 고단 백질 음식을 섭취하며 요양을 당부하셨습니다. 특별히 주치의 는 네 가지를 지키지 않으면 더더욱 기관지가 확장되어 죽음을 앞당긴다고 했습니다.

첫째, 큰소리나 노래(찬양)는 절대로 하지 말라.

둘째, 콧물이 나와도 코를 풀지 말고 휴지로 닦아라.

셋째, 말을 많이 하지 말라.

넷째, 감기를 조심하라. 감기에 걸리면 가망이 없다.

제1회 혜성찬양제

내가 섬기는 혜성교회에서 광고가 나왔습니다. 유관순 기념 관에서 제1회 혜성찬양제를 올린다고 합니다. 그래서 호산나성 가대, 할렐루야성가대, 시온성가대가 연합하여 매주 수요예배 후와 토요일 오후, 주일 오후 시간대를 이용하여 1년 가까이 연 습한 것으로 기억됩니다.

나는 숨이 가쁘면 화장실로 달려가 피가래를 쏟으면서 테너 파트 대원에 소속되어 연습하였습니다. 정말 어린아이처럼 좋 아했고, 늘 기뻐했고, 한 번도 빠지지 않고 열심히 연습에 임했 습니다. 집이 멀어서 그 당시 성균관대를 다니는 서기원 형제 가 머물고 있는 고시원에서 금요일 오후에 갔다가 아예 2틀 밤 을 자고 주일 예배 마치고 집으로 오는 일을 반복하였습니다. 혜 성교회는 지체장애인이 다니기에는 너무도 언덕이 가파르고 특 히 호흡기 질환이 있는 자가 걸어서 오르기에는 숨이 너무 가프 다 보니 건강한 사람은 6-7분 걷는 거리를 저는 최소 30분 정도

걸립니다. 토요일 저녁 혜성찬양제 마지막 총연습을 마치고 제 1회 혜성찬양제 프로그램 팜플렛을 나누어 받았습니다. 싱글벙글 좋아서 설레이는 마음으로 마지막 페이지의 성가대 명단을 보는 순간 테너 파트 명단에서 내 이름 석자가 빠져있음을 알았습니다. 순간 당황한 나머지 울음이 왈칵 쏟아졌습니다. 나에게는 충격이었습니다. 눈물을 감추고 교회를 나오는데 서기원 형제가 따라와서 여러 가지 위로해주려고 애를 쓰는 모습이 역력했습니다. 그 길로 집으로 가기 위해 버스 정거장에 서 있는 나에게 2,000원을 주면서 택시를 잡아 주었습니다. 택시를 타고 있어도 이름이 빠진 생각 때문에 울고 있었습니다.

천국의 생명책을…
흐느껴 우는 저를 거울로 보던 운전기사 아저씨가 물었습니다.
"아까 차를 탈 때도 다리도 불편하시던데… 무슨 일이 있었나요?"
그래서 그동안 있었던 일과 팜플렛에 내 이름이 빠진 일을 모두 애기했습니다.
"아~ 그래요. 괜찮습니다. 인쇄하다가 빠뜨릴 수도 있고, 그동안 아픈 몸을 이끌고 연습한 것을 하나님이 누구보다도 잘 아십니다. 천국의 생명책에서 이름이 지워진 것도 아닌데… 안 그래요?"
그 말을 들은 나는 깜짝 놀라며 천국의 생명책을 알게 되었습니다.
"자~ 이걸 보세요. 내 주민등록증입니다. 내 나이가 칠십입니다. 저희 누님도 크리스천이며, 권사님입니다. 이 세상 살다 보면 생각지도 않는 많은 일들이 일어납니다. 부디 건강하시고, 내일 있을 혜성찬양제 잘 감당하세요. 하나님이 함께하십니다. 기도하겠습니다. 그리고 차비는 안 받겠습니다."

하나님께서 내 마음의 상태를 아시고 천사를 보내주신 것 같아 위로가 되었습니다. 그러고 보면 항상 하나님이 함께하셔서 한 번도 실족하지 않도록 하시고 천성의 길을 걸을 수 있도록 해 주셨습니다.

산송장이 왔네요

서기원 형제가 마지막으로 한방병원에 가서 한 번 더 진찰하자고 제의를 하였습니다. 그래서 신촌세브란스병원 옆에 있는 동서한방병원으로 갔습니다. 진찰을 다 마친 후 원장님의 진단 결과 저보고 산송장이라 했습니다. 모든 신체 기능이 약할 대로 약해졌고, 심장 판막증 증세도 보이고, 폐는 전혀 소생할 수도 없을뿐더러 계속 객혈을 하여 피가 모자라 쓰러질 수 있으며, 이 마당에 치료하는 것 보다, 임시 처방으로 약해진 몸부터 보강해야 하기에 보약을 먹어 보자고 하였습니다.

가족들의 반응

한약을 처방받아 집에 돌아와 어머니에게 말씀드렸고, 결국 이 소리가 가족들에게도 전해져 그렇게 핍박하던 형이 저를 붙들고 엉엉 울면서 저를 치료하기 위해 민간요법의 대처 약들을 구해다 주었습니다. 뱀을 잡아 건조시켜 고추장에 찍어 먹게 하

하나님과 관계없이 받는 고통들

고, 벽제 화장터에 가서 송장 가루를 환으로 만들어 가져와 먹게 했습니다. 나를 살리려는 진정한 형님의 사랑이었습니다.

우리 가정은 개고기를 절대 안 먹습니다. 사람이 죽으면 제일 먼저 개로 다시 환생한다는 윤회설을 믿기 때문입니다. 그런데 나를 살리기 위해서 미신을 평생을 믿으며, 생명처럼 지켜오시던 어머니가 방금 태어난 아직 눈도 안 뜬 강아지 한 마리도 아니고, 2마리를 뚝배기에 끓여서 사발에 담아 먹게 하셨습니다. 어머니의 지극한 정성과 사랑이었습니다.

칼빈대학교 (신학과) 입학

이러한 생사의 갈림길에서 나는 '죽으면 죽으리라' 하는 믿음으로 신학교에 입학했습니다. 실은 목사 되려고 신학교에 들어간 것이 아니라 저희 가족을 구원하려는 감동이 신학을 하게 된 동기입니다. 객혈을 많이 할 때라 면접할 때도 어려움이 많았습니다. 그 당시 김근수 목사님(현. 칼빈대학교 총장)이 대학부장님으로 계셨고, 나를 면접하셨습니다. 그분은 지금 피를 많이 쏟고 있으니 좀 더 건강을 회복하고 입학하라고 하셨습니다. 그러나 저는 단호하게 권면을 뿌리치고 "저를 입학시켜 주지 않으시면 여기서 죽겠습니다." 하고 소파에 누워버렸습니다. 결국 하나님의 은혜로 신학교에 입학했습니다.

병신육갑하네

신학교 등록금이 필요하여 큰 형님을 찾아갔습니다. 대뜸 하는 소리에 마음에 큰 상처를 받았습니다.

"세상에 유명한 목사들이 얼마나 많은데 너 같이 몸도 성치 않고, 다리도 병신이 신학교 나와 목사 된다고? 병신이 육갑 한다더니 너를 두고 한 말이구나! 너 줄 돈 없으니 내 집에서 썩 꺼져라!"

그러나 하나님의 계획 속에서 이미 나는 주의 종으로 선택받았기에 그 누구도 방해할 수 없었고, 결국은 목사요, 선교사가 되었습니다.

신학교 초년생이 직장선교를 하다

82년도 최명열 집사님의 인도로 혜성교회로 이끌리어 교회를 다니기 시작하였습니다. 교회를 다닌 2개월 만에 제1회 청년면려회 하기수양회를 참석하고 3일째 저녁 캠프파이어 때 성령세례를 받고 86년도에 신학교에 입학하였습니다.

87년도 필자를 전도하신 최명열 집사님이 경영하는 봉제공장으로 찾아가서 예배를 인도하였습니다.

신학교 개강이 시작한 어느 봄날 나에게 10만 원짜리 수표가 생겼습니다. 신학교 다니면서 책도 사보고, 차비도 하고, 약도 사먹고, 끼니를 거르지 말고 챙겨 먹으라고 고진성(지금은 장로님) 집사님께서 주신 것입니다. 10만 원을 받고는 그 당시 기억으로 가슴이 뛰고 떨렸습니다. 나에게는 너무나 큰 돈이었습니다.

순간 이 돈은 그렇게 막 쓸 것이 아니라 생각되어 기독교 서점에 달려가 성경과 찬송가를 샀습니다. 갑자기 봉제공장하시는 최 집사님 생각이 났기 때문입니다. 성경과 찬송가 30권을 사서 봉제공장으로 달려가 무조건 일주일에 한 번씩 예배를 드리자고 하였습니다. 잠시 망설이다가 허락을 해주셨습니다.

그래서 매주 목요일 오전 11시 30분부터 12시 30분까지 1시간 예배를 드렸습니다. 매주 돌아가면서 혜성교회 부목사님과 신학교 전도사님들을 초청하여 말씀을 전하시도록 섬겼습니다.

그리고 몇 달이 지나 최 집사님에게 또 하나의 미션을 말씀드렸습니다. 기술자 밑에서 일하는 보조(시다)들에게 검정고시를 볼 수 있도록 공부를 시키자고 제의를 하였습니다. 그 당시 여공들은 대다수 초등학교 졸업자였습니다. 그들은 공부를 배우고 싶어하는 열망이 있었기에 가능하였습니다. 결국 허락받아 일주일에 3번 퇴근시간 1시간 전 여공들을 모아서 국어, 수학, 과학, 영어를 가르쳤습니다. 가르치는 선생님들은 혜성교회 청년부 청년들 중에 과목을 전공한 자들이 가르쳤습니다.

88년도 CBS 새롭게 하소서 간증 출연

결국 하나님께서 하나님의 방법으로 졸업할 때까지 등록금 걱정 없이 신학교를 다니게 하셨을 뿐만 아니라 1988년도 CBS 새롭게 하소서 간증 출연하게도 하셨습니다. 그후 여기저기 교회에서 간증해 달라고 초청이 와 간증 후 사례금을 받아 도리어 가난한 학우들 등록금을 소리 없이 내주었습니다. 하나님이 택한 종들은 이렇게 하나님께서 미리 아시고 채워주십니다.

제2회 전국 신학교 창작 복음성가 경연대회 독창 1등

1987년 객혈을 하면서 용산선교교회(전 조준상 담임목사)에서 제2회 전국 신학교 창작 복음성가 경연대회에서 대상은 방배총신

(현 백석대학교), 금상은 대신, 은상은 칼빈대 제가(독창 부문 1등) 받았습니다. 곡명은 "오! 나의 주"(현. 양주 찬양교회 담임 김요한 목사 작곡. 작시)였습니다.

기독교백주년기념관 대강당 단독 콘서트

이 병든 몸을 통하여 찬양받기 원하시는 성삼위 하나님께 영광 돌리기 위하여 칼빈대학교 학우회 주최로, 1988년 10월에 기독교백주년기념관에서 '생명 바쳐 찬양하는' 서재호 콘서트를 하였습니다. 그 당시 나는 칼빈대학교 총학생회 전도부장이었습니다. 칼빈대학교 총학생회 회장 이두형 전도사(현 서인천제일교회 시무 담임목사), 칼빈대학교 총학생회 총무 강성근 전도사(현 대청중앙교회 시무 담임목사)는 나를 무척 사랑했습니다. 가방을 들어 주는 것을 비롯하여 여차하면 등에 업어 데리고 다닐 정도로 두 분의 나에 대한 지극정성이 남달랐습니다.

콘서트 타이틀은 저희 가족 구원과 불우한 학우들을 돕는 것이며, 모아진 헌금으로 5명의 학우에게 장학금을 전달했습니다. 무대 뒤에는 최악의 상태를 대비해 의사 선생님과 간호사가 대기 하였습니다. 왜냐하면 계속 객혈했기 때문입니다.

25년 만에 대학 동기들을 만남

졸업 후 이두형 목사님과 강성근 목사님을 필리핀에서 만났습니다. 그들은 한사코 제가 죽었을 것이라고 생각했었고, 필리핀에서 살고 있다는 소리를 듣고 저를 찾았다고 합니다.

하나님과 관계없이 받는 고통들

복음성가 음반 발표

콘서트 이후 그룹 사운드를 조직하여 "생명 바쳐 찬양하는" 제목으로 동시녹음을 했습니다. 방배동에 자리 잡고 있는 소라기획(그 당시 김민식 집사 사장)에서 녹음하는 도중에도 화장실로 달려가 객혈을 하면서도 하나님의 은혜 가운데 한 곡 한 곡 녹음하여 복음성가 1집을 금성레코드사에서 발표했습니다. 극동방송국에 찬양의 꽃다발(PD 이준용 집사)에 출연하여 간증도 했습니다.

죽음 직전 발견된 암 치질

장이 안 좋은 나는 매일 시도 때도 없이 설사를 하였습니다. 선풍기 바람, 에어컨은 정말 치명타였습니다. 걷는 도중에도, 설사를 하여 난처한 경우가 많았습니다. 난시가 심한 저는 안경을 10년 가까이 끼고 다녔습니다. 그리고 손목시계, 반지, 마이크, 유리, 코팅된 나무, 플라스틱, 철, 기타 줄 등을 왼손으로 잡거나 끼지를 못했습니다. 왜냐하면 왼쪽 다리 소아마비로 인하여 왼손이 저리고, 쥐가 나고, 팔이 뼛속까지 시리고 아픈 통증 때문이었습니다. 하루는 화장실에서 대변을 보는데 하혈을 했습니다. 입으로 객혈을 하고, 항문으로는 하혈을 하고, 수세식 화장실이 피비린내로 가득하였습니다. 보행하다가도 숨이 차오르면 반드시 객혈을 해야만 가슴이 시원했습니다. 때로는 작은 검은 비닐봉지를 가지고 다니면서 봉지에 객혈하여 쓰레기통에 버리곤 하였습니다. 하혈도 너무 심하여 도무지 힘이 없었습니다. 이제 정말 죽었구나 싶었습니다. 그러던 어느 날 이사야를 읽는데 이사야 40장 31절 "오직 여호와를 앙망하는 자는 새 힘을 얻으리니 독수리가 날개치며 올라감 같을 것이요 달음박질하여도 곤비하지 아니하겠고 걸어가도 피곤하지 아니하리로다"말씀을 주셨습니다.

맞습니다! 아무리 객혈을 하고 쓰러진다 해도 오직 여호와를 앙망하는 자는 곤비치 않고 피곤치 아니하며 새 힘을 얻게 된다는 확신을 얻었습니다. 나는 그때그때 말씀으로 위로하시고, 치유하시는 하나님을 만났습니다. 그 후에 섬기는 혜성교회의 하영진 부목사님의 인도로 정병학(고인) 장로님이 운영하시는 병원(안암동 소재)에서 진찰을 받은 결과 암 치질이라는 진단이 나왔습니다. 치질은 수 치질과 암 치질이 있다고 합니다. 바로 수술해야 하는데 건강 상태도 좋지 않고 피가 모자라 힘든 상태라고 했습니다. 하루만 늦었어도 이 세상 사람이 아니었다고 했습니다. 장로님은, 이 병은 하나님께서 고쳐주셔야 한다고 하시며 야고보서 5장 14-16절 "너희 중에 병든 자가 있느냐 그는 교회의 장로들을 청할 것이요 그들은 주의 이름으로 기름을 바르며 그를 위하여 기도할지니라 믿음의 기도는 병든 자를 구원하리니 주께서 그를 일으키시리라 혹시 죄를 범하였을지라도 사하심을 받으리라 그러므로 너희 죄를 서로 고백하며 병이 낫기를 위하여 서로 기도하라 의인의 간구는 역사하는 힘이 큼이니라" 말씀을 적용하셨습니다.

하나님의 말씀을 의지하여 두 손을 꼭 붙잡고 기도를 해주신 후에 암 치질 수술을 하였고, 12일 만에 깨끗함을 받았습니다. 하나님께서 장로님을 통하여 또 일을 하셨습니다.

하나님과 관계없이 받는 고통들

하나님이 함께 준비하신 돕는 손길들

CBS 새롭게 하소서 방송 라디오를 통해 내 간증을 들으시고 밤새 우시고, 나를 위하여 약 3년 동안 18시간 잉어를 고아서 섬기신 김옥기(고인) 권사님, 학비, 교통비, 책값, 약값, 하나님만 아시도록 물질로 공급하셨던 고진성 장로님, 주치의를 담당하셨던 정병학(고인) 장로님, 물심양면으로 도움을 주었던 최명열 집사님 등등 많은 주 안에 지체들이 나 한 사람을 살리기 위한 하나님의 도구로 쓰임 받았습니다. 나는 나에게 이렇게 도움을 주신 분들만 하나님께 쓰임 받았다고 생각하였습니다.

악역으로 쓰임 받은 가족

또한 나 한 사람을 목사로 만들기 위해서 가족들이 악역으로 쓰임 받았다는 것을 알게 되자, 가슴이 찢어지는 아픔이 있었습니다. 이미 성령 하나님이 가족들의 마음을 준비하셨습니다. 가장 잔인하게 박해를 했던 형님 그리고 미신밖에 모르는 어머니, 그들을 볼 때 완전한 몰골과 초췌한 모습 등등 … 얼마나 불쌍하게 보였는지 소리 없이 엉엉 울었습니다. 그동안은 그저 맹목적으로 "내 가족을 구원시켜주십시오."라고만 기도했었는데… 가족만 생각하면 눈물이 앞을 가리면서 뜨거워져서 믿음으로, 즉 성령 하나님께서 붙드시는 기도를 하게 되었습니다. 저는 가족들의 핍박을 통하여 더욱 믿음이 강건해졌습니다.

필리핀으로 이끌림 받음

한참 앨범을 내고 대표곡으로 "불속이라도 들어가서", "벙어리가 되어도", "낮엔 해처럼 밤엔 달처럼" 등등 세상 말로 인기를 누리려는 순간 1989년 성치 않은 몸을 가지고 고통 가운데 아무 연고도 없는 나는 필리핀으로 이끌림을 받았습니다.

지금 생각해보면 성삼위 하나님께서 나 한 사람을 살리시기 위하여 기관지확장증으로 추운 겨울이면 숨을 잘 못 쉬는 나를 숨을 편하게 쉬도록 아니 나를 살리시려고 따뜻한 나라 마닐라로 데려와 살게 하셨습니다.

필리핀의 기후는 항상 따듯하고 기온이 여름철만 유지하기에 숨쉬기가 좋습니다. 대한민국은 4계절이 뚜렷하고 환절기가 장난이 아닙니다. 여름만 빼고 저에게 봄, 가을, 겨울은 치명타입니다. 숨도 잘 못 쉬고, 툭하면 감기에 걸리고, 소아마비 왼쪽 다리는 피가 안 통해서 항상 얼음장입니다.

그뿐만 아니라 가족들로부터 박해 가운데, 환란 가운데, 고통 가운데 업신여김을 받는 저를 필리핀으로 피신시키셨습니다. 필리핀에 도착하자마자 하나님의 은혜로 필리핀 중심 도시 마카티에 세워진 마닐라 한인연합교회(전 윤형복 담임목사 시무)에 90년부터 92년까지 부교역자로 쓰임 받았습니다.(그 당시 한인교회가 하나뿐이었음) 나는 찬양하는 사역자라 이 교회에서도 필그림음악선교단을 조직하여 찬양 사역을 하였습니다.

기관지확장증과 여러 종류의 질병이 치유되다

한국에서 가져간 병원 조제약을 계속 먹으면서 지탱해 온 상태라 몸이 안 좋아 1992년 5월 한국에 나올 기회가 있었습니다. 한국에 나오자마자 제일 먼저 경기도 광주 변화산 기도원을 찾았습니다.(지금은 없어짐) 기도원에서 봉사하는 박만근 전도사로부터 받은 김영 목사님의 말씀 테잎을 녹음기를 통해 밤이 새는지도 모르게 들었습니다. 그리고 박 전도사님의 안내를 받아 그날 오전에 국제예수제자선교회를 찾아갔습니다. 마침 말씀치유집회를 하는 첫날이었습니다. 집회를 참석하기 전 목양실로 안내받아 담임 김영 목사님을 만났고, 김 목사님은 10여 년 전부터 필리핀 방가시난 지역을 중심하여 단기 선교팀을 데리고 사역을 하셨다고 하십니다. 필리핀에서 왔다는 저를 보시곤 매우 반가워하셨습니다. 필리핀에서 선교사역 치유 현장을 비디오를 통해 보여주셨습니다. 많은 필리핀 현지인들이 치유받고 간증하는 것을 듣고, 보았습니다. 순간 나도 치유받아야겠다는 믿음이 생겼습니다. 나는 주저 없이 나의 기관지확장증을 상담하였고, 이후 김영 목사님은 저에게 이사야 53장 5절과 마태복음 8장 17하반절을 말씀하시고, 나의 죄와 모든 질병, 저주 즉 기관지확장증을 예수 그리스도께서 짊어지시고 2천 년 전에 십자가로 가져가셨다고 하시면서 100% 믿으라고 하셨습니다.

그가 찔림은 우리의 허물 때문이요 그가 상함은 우리의 죄악 때문이라 그가 징계를 받으므로 우리는 평화를 누리고 그가 채찍에 맞으므로 우리는 나음을 받았도다 이사야 53장 5절

우리의 연약한 것을 친히 담당하시고 병을 짊어지셨도다
마태복음 8장 17하반절

나의 의지와 상관없이 예수님께서 내 질병을 2천 년 전에 가져가셨다고 100% 믿어지는 순간 동시에 육안으로 볼 수 있는 몸통만 한 검고, 시커먼 물체가 가슴속에서 빠져나가면서 기관지확장증을 치유받았습니다. 35년 동안 기관지확장증을 붙들고 있던 병마가 떠나갔습니다. 기관지확장증과 모든 질병이 그저 지병이라 생각하고 평생을 울면서, 고통하면서, 때론 왜 예수님을 믿는데 아플까? 하면서 죽을 때까지 갖고 가야 할 병인 줄만 알았습니다. 그런데 시커먼 물체가 빠져나가는 것을 보고 모든 질병은 마귀로부터 온다는 사실을 체험하였고, 영으로 깨어 있는 분들은 한결같이 질병을 병마로 불렀던 것이었습니다.

　　할렐루야! 기관지만 확장되고 '증'이 떠난 것입니다. '증'은 묽은 가래를 쏟고, 피를 쏟고, 호흡할 수 없도록 한 질병이었습니다. 1984년 서울대학병원에서 사형선고를 받고 하염없이 울고 있는 나에게 주셨던 '하나님께서 직접 고쳐주시려고 사람의 손을 못 대게 하시는구나!'하는 감동이 현실로 이루어졌습니다. 또한 보너스로 10년 가까이 썼던 안경을 벗고 시력을 되찾고, 장이 안 좋아 설사를 자주했던 것, 선풍기 바람, 에어컨 바람, 배가 냉하면 여지없이 또는 걸어가다가도 설사를 하여 항상 난처했던 일, 그리고 손목시계, 반지, 마이크, 유리, 코팅된 나무, 플라스틱, 철, 기타 줄 등을 왼손으로 잡지 못했고, 소아마비로 인하여 손이 저리고, 쥐가 나고, 팔이 뼛속까지 시리고 아팠던 통증들이 다 치유를 받았습니다. 한마디로 오장육부가 치유되고, 새로운 눈, 새로운 몸, 새로운 건강으로 회복시키셨습니다. 영(靈)·혼(魂)·육(肉)이 깨끗함을 받았습니다.

가족들이 예수님을 영접하다

이 놀라운 은혜를 힘입어 그렇게도 핍박만 하던 가족에게 복음이 전해지기 시작했습니다. 어머님도 구원받고 10년 동안 신앙생활하시다가 80세에 천국 가셨습니다. 악한 원수 마귀에게 쓰임 받던 형님들도 복음을 받아들였고, 큰형은 교통사고로 작고하시고, 작은 형도 삶을 마감했습니다. 예수님 믿는 것 하나로 모진 고통과 박해와 아픔과 두려움과 인격모독과 마음의 상처를 내게 준 저희 가족들이 하나님으로부터 벌을 받았다고 생각하니 마음이 아팠습니다.

그렇습니다. 이스라엘 백성들을 구원하시기 위하여 블레셋, 앗수로, 아말렉 군사들은 몽둥이로 사용되다 결국 그 몽둥이는 지옥의 불쏘시개로 지금도 지옥 불을 활활 타오르게 합니다. 이스라엘 백성들은 몽둥이로 맞을 때는 힘들었지만 결국 젖과 꿀이 흐르는 가나안 땅으로 인도받았습니다. 그래도 어머니가 살아계실 때 제가 예수님을 믿고 30년 만에 2002년 추석날 아침 제사를 폐하고 온 가족이 추도 예배로 하나님께 영광 돌렸습니다.

성령의 충만한 사람, 치유의 사람

서샬롬으로 다시 태어난 저는 성령 하나님께 붙들려 멋지게 쓰임 받고 있습니다. 전국적으로 말씀상담 치유 사역과 간증 찬양 치유 사역을 감당하였습니다. 상담을 하고 말씀을 전하는 중에 악한 귀신이 떠나고, 각색 병들이 치유되는 놀라운 역사가 일어나고 있습니다. 저는 감히 말합니다. 귀신이 떠나고, 병이 치유되고, 각양 은사를 받는 것도 중요하지만 그보다 더 중요한 것이 있습니다. 그것은 우리가 하나님의 말씀이 그대로 믿어질 때 한 시간을 살아도 기쁘고, 신나고, 즐겁고, 건강한 삶을 살 수 있다는 사실입니다. 즉, 생활 속에서 성령 하나님과 동행하는 삶을 살아야 한다는 말입니다. 내 마음속에 예수 그리스도만 모시고 살아가야 하는데 각양 잡다한 것들이 마음속에 있어서, 귀신에게 속아서 고통받고 있다는 것입니다. 결론적으로 각양각색으로 눌린 심령이 상담을 통해 치유되면 육신의 병은 자동으로 떠나게 되며 내가 살고 이웃을 살리게 됩니다. 다시 말해서 심령의 문설주에 '예수의 피'가 적셔져야 하는 것입니다. 또한 하나님 아버지, 예수님을 나의 구세주로 시인하고 인정하여 부르는 사람은 이미 성령님의 인 치심을 받아 내 안에 계시는 예수님 때문에 지금 죽어도 천국 갈 수 있습니다.

그 안에서 너희도 진리의 말씀 곧 너희의 구원의 복음을 듣고 그 안에서 또한 믿어 약속의 성령으로 인치심을 받았으니 에베소서 1장 13절

너희는 다시 무서워하는 종의 영을 받지 아니하고 양자의 영을 받았으므로 우리가 아빠 아버지라고 부르짖느니라 로마서 8장 15절

그러므로 내가 너희에게 알리노니 하나님의 영으로 말하는 자는 누구든지 예수를 저주할 자라 하지 아니하고 또 성령으로 아니하고는 누구든지 예수를 주시라 할 수 없느니라 고린도전서 12장 3절

한 번 오신 성령은 떠나지를 않습니다. 그러기 때문에 내 안에 계신 성령님이 나를 주장하도록 성령 충만 받기를 항상 간구해야 합니다. 간혹 부흥 강사들이 집회 때 이미 받은 성령을 또 받으라고 외치지만 이는 성령을 또 받는 것이 아니라 성령 충만을 받는 것입니다. 치유 사역을 하면서 모든 죄와 질병과 불행과 가난과 저주가 귀신의 장난이라는 것을 알게 되었습니다. 제가 100% 믿었던 치유의 말씀들… 이사야 53장 5절과 마태복음 8장 17하반절과 로마서 7장 20절을 적용할 때 계속적으로 영육이 강건해지는 것을 확신했습니다.

> 사람의 심령은 그의 병을 능히 이기려니와 심령이 상하면 그것을 누가 일으키겠느냐 잠언 18장 14절

> 모든 지킬 만한 것 중에 더욱 네 마음을 지키라 생명의 근원이 이에서 남이니라 잠언 4장 23절

저를 통해 상담으로 치유받은 사례를 묶어 『나인 줄 알고 살아왔던 상처들』과 『내가 아니요』 책을 출간하였으며, 또한 복음성가 1집과 골든 1, 2집 복음성가 앨범을 내고, 치유받은 건강한 목소리로 10년 만에 앨범을 발표했습니다. 최근에는 복음성가 1집과 골든1, 2집을 편집하여 CD로 제작하였습니다. 그리고 국민가요를 개사하여 전도 복음성가도 만들었습니다.

CBS 기독교 방송 새롭게 하소서 출연(1988년도, 2018년)

FEBC 극동방송 출연(4번) 이준용의 찬양의 꽃다발

FEBC 극동방송 출연(3번) 이평찬과 찬양하며 간증

CTS 기독교 텔레비전 내가 매일 기쁘게 출연(2009년도, 2018년)

　　　내 영혼의 찬양 PMAM Team과 함께 출연

2013년 CGNTV Light and Salt 코리아 드림팀과 함께 출연

2014년 아리랑 TV 다큐멘터리 필리핀 소년 Jerry와 함께 출연

2016년 미국 필라델피아 인터넷 복음 방송국 간증 출연

2017년 미국 뉴욕 KAM 1660 라디오 기독교 복음방송국

　　　간증 출연

2017년 GMAN 인터넷 복음방송국 출연

2017년 5월 KBS 본관 기독신우회 간증찬양집회

2018년 8월 전국노래자랑(국민MC 송해) 마닐라 세계대회 장려상

국민일보. 경인일보

크리스챤 투데이

Daum, Naver, Yahoo, Google, Korea, Youtube 등 사이트에서 서샬롬 선교사 검색

다시 돌아온 선교지 필리핀

20년 전 저를 필리핀으로 보내주셨던, 하나님께서 잠시 머물며 한국 목회와 예음종합예술신학교(전 총장 윤항기 목사) 교목실장으로 섬겼던 학교를 접게 하시고, 다시 필리핀으로 돌아와 현지 교회를 세워 현지인들을 섬기게 하셨습니다.

서울시 구로구에 서남교회 담임 윤병수 목사님을 2009년도에 만났습니다. PMAM(필리핀 형제. 자매) 찬양팀을 결성하여 한국을 방문하였습니다. 물심양면으로 저를 도왔던 양성태 목사님을 통해 서남교회를 소개받아 그 교회에서 찬양 사역을 하였습니다. 사역을 마치고 저희 내외는 목양실로 안내받아 지금의 필리핀 서남찬양교회를 설립할 수 있도록 사랑의 건축헌금을 받았습니다. 그래서 서남의 이름을 따서 필리핀서남찬양교회로 이름하여 자비량 선교를 20년 동안 하고 있습니다.

40년 만에 객혈을 하다

몇 년 전 오전, 오후 현지인 예배를 인도하고 오후 3시경 목이 컬컬하여 한두 번 기침 후 가래라 직감하고 교회 앞 하수구에 뱉었는데 가래가 아니라 피를 토했습니다. 즉, 객혈을 하였습니다. 얼마나 놀랐는지, 아내라도 보면 안 되겠다 싶어 등을 완전히 돌려 많은 양의 피를 하수구에 쏟아냈습니다. 그 후 나흘 동안 붉은 핏덩어리를 쏟아냈습니다. 나는 지금까지 몸이 아픈 중에는 절대 아내나 아들에게 말하지 않습니다.

첫째는 내 몸은 내가 잘 압니다.

둘째는 얘기를 한들 한국처럼 코앞에 병원이 있는 것도 아니고 서로가 마음만 아플 뿐입니다. 결국 나중에 다 낫고 나서 이렇게 아팠다는 말만 해줍니다.

셋째는 사명자는 하나님과 일대일로 해결해야 한다는 내 신앙관입니다.

넷째는 이사야 53장 5절과 마태복음 8장 17하반절과 로마서 7장 20절과 마가복음 16장 17-18절 말씀을 100% 믿고 제 몸에 손을 얹고 기도하면 나음을 얻습니다.

그가 찔림은 우리의 허물 때문이요 그가 상함은 우리의 죄악 때문이라 그가 징계를 받으므로 우리는 평화를 누리고 그가 채찍에 맞으므로 우리는 나음을 받았도다 이사야 53장 5절

우리의 연약한 것을 친히 담당하시고 병을 짊어지셨도다
마태복음 8장 17하반절

만일 내가 원하지 아니하는 그것을 하면 이를 행하는 자는 내가 아니요 내 속에 거하는 죄니라 로마서 7장 20절

믿는 자들에게는 이런 표적이 따르리니 곧 그들이 내 이름으로 귀신을 쫓아내며 새 방언을 말하며 뱀을 집어올리며 무슨 독을 마실지라도 해를 받지 아니하며 병든 사람에게 손을 얹은즉 나으리라 하시더라
마가복음 16장 17-18절

하나님과 관계없이 받는 고통들

저희 내외를 사랑하시고 섬겨주시는 부천에 있는 길교회

2009년에 필리핀 형제자매로 구성된 PMAM TEAM 경배와 찬양팀을 인솔하여 한국을 방문하여 초청받은 교회들을 순회공연했습니다. 제일 중요한 것은 여러 명이 묵을 수 있는 숙소가 절실히 필요했습니다.

저희 내외는 자비량으로 선교를 하기 때문에 모든 것을 알아서 준비하고 챙겨야 합니다. 마침 이 어려운 사정을 듣고 필리핀 박정규 선교사님을 통하여 성삼위 하나님께서 길교회 선교관을 사용토록 해주셨습니다. 길교회 당회장 윤성중 목사님은 저희 내외만 한국에 나와도 선교관을 사용하도록 해주셔서 항상 감사하고 있습니다.

그뿐만 아니라 당회와 교역자분들과 어린 주일학교부터 장년부까지 저희 내외를 가족처럼 섬겨주시고 사랑해주십니다. 저희 내외는 사실 한국에 나와도 머무를 곳이 없습니다. 예수님은 우리 모두에게 인자는 머리 둘 곳도 없다 하셨습니다. 그렇습니다. 잠시 왔다 가는 인생, 나그네 인생, 예수님의 삶을 비한다면 길교회 선교관은 저희 내외에게는 가장 큰 집입니다.

어머니 황만순 권사님

황만순 권사님은 길교회 당회장 윤성중 목사님의 어머니이십니다. 2014년 4월 16일 새벽예배를 마치시고 88세 나이로 소천하셨습니다.

2009년도부터 2013년까지 부족한 저희 내외를 사랑해 주시며 섬겨주셨던 분이십니다. 때로는 나 혼자 한국에 와서 길교회 선교관에서 몇 개월 동안 지낼 때, 먹을 것을 챙겨 주시고, 배 아파서 낳은 자식처럼 주의 종으로 아낌없이 사랑을 주셨습니다.

2014년 4월 10일경 필리핀에서 국제통화로 황 권사님께 "제가 한국 들어갑니다." 하였더니 대뜸하시는 말씀이 "서 목사님, 이번에 나오실 때 마음을 단단히 하고 나오세요. 내가 없을지도 모르니…" 하고 전화를 끊으셨습니다. 바로 천국 가시기 전 필자에게 예고를 하신 것이었습니다.

한국 가기전 하루 전날 전화를 하였는데 길교회 사무장이 황 권사님이 돌아가셨다고 얘기를 하였습니다. 저희 내외는 너무 당황하였습니다.

임종 직전까지도 당회장 윤성중 목사님과 자손들을 모아 놓고 "서샬롬 목사님 오시면 내가 없더라도 잘 보살펴 주어야 한다."고 말씀을 하신 후 운명하셨다고 합니다. 황 권사님은 항상 저의 불편한 몸을 보시고 안스러워하셨습니다.

매년 한국에서 건강검진을 받다

객혈한 계기로 매년 한국 가면 부산 세계로기독병원에 갑니다. 세계 각 처소에서 사역하시는 선교사님들을 섬기는 병원입니다. 40년 만에 방사선 X-Ray를 찍고, MRI, CT를 찍었습니다. 선교사님! 기관지확장증은 맞는데 너무 심합니다. 내시경과 X-Ray 판독 후 정말 조심하라고 당부하셨습니다. 이제는 연세도 있고 해서 염려가 된다는 내과 과장인 정종윤 박사님의 말씀입니다. 현재 왼쪽 폐는 전체가 하얗고, 오른쪽 폐도 하얗게 전이되어 폐기종이라 합니다.

하나님과 관계없이 받는 고통들

폐는 다섯 부위로 나뉘어져 있다 합니다.(右폐-상엽. 중엽. 하엽/ 左
폐-상엽. 하엽) 그래서 폐병에 걸리면 심한 폐를 한 부위를 잘라낸
다고 합니다. 나는 5분의 1의 중 右폐 상엽 폐만 활동한다고 합
니다. 우폐 상엽만 가지고 숨쉬고, 말하고, 노래합니다. 당사자
인 내가 생각해도 마음이 울컥하고, 감사가 스며듭니다. 코를 풀
때, 화가 나서 소리칠 때, 찬양하고 싶어 찬양할 때, 지금도 찬양
하고 나면 나만이 느끼는 피 비린내가 입안에서 진동을 합니다.
때론 가래 끓는 소리를 들으며 걸을 때, 감기로 소리없이 끙끙
앓을 때, 담배 연기 냄새로 역겨워 할 때, 자동차 매연으로 숨 가
쁠 때, 걷다가 숨차서 서서 쉬어 갈 때, 정말 나에게는 민감하지
만, 하나님이 나와 함께하심을 믿는 믿음을 주신 그 믿음으로 삽
니다.

책을 쓰게된 동기

이번 코로나19 바이러스가 한참 기승할 때 3개월 가까이 마
닐라 집에서 방콕하였습니다. 필자의 몸은 이미 밝힌 바와 같이
기관지확장증으로 지병이 있는 상태라 개인적으로 매우 어렵다
고 생각하고 바깥 출입을 못하고 스스로 자가격리를 하고 있었
습니다. 어느날 성령 하나님의 감동으로 '하나님과 관계없이 받
는 고통들'이라는 제목으로 원고를 쓰게 되었고, 지금은 한국에
나와 2주간 자가격리 중 1차, 2차 검진결과 음성으로 나와 자유
의 몸이 되어 잘 지내고 있습니다.

말씀 적용으로 생명의 연장

기관지확장증으로 항상 객혈하며 살아왔던 상태에서 말씀으로 치유받고, 아프면 예수 그리스도께서 2천 년 전에 나의 모든 질병과 저주를 가져가셨다고 믿고, '아프면 내 손해다. 이미 끝났다 다시 아프면 하나님과 관계없이 받는 고통들이다.' 적용하고, 또 '내가 아니요'를 적용하면 깨끗해지는 체험을 경험하며 살고 있습니다. 우리가 생각할 때는 놀라운 일이며 기적이지만, 성삼위 하나님께서 하신 것입니다.

하나님 아버지께서 영광 받으시려고 저에게 이러한 흔적을 남겨 주셨습니다. 저는 1분 1초라도 성삼위 하나님을 의지하지 않으면 죽습니다. 하나님이 없다 하는 자들에게 삼위일체 유일신 하나님께서 살아 계심을 증거 하라고 나를 살려주신 것입니다.

세 겹줄 가족

한 사람이면 패하였거니와 두 사람이면 맞설 수 있나니 세 겹줄은 쉽게 끊어지지 아니하느니라 전도서 4장 12절

나는 사랑하는 아내 이영애 선교사와 아들 서반석에게 항상 감사하며 살고 있습니다. 자비량선교를 하는 나에게 있어서 두 사람은 없어서 안될 동역자입니다. 따갈로그어, 영어를 자유롭게 구사하는 아들의 도움을 받기도 하지만, 물질적으로 아빠의 사역에 버팀목이 됩니다. 아들은 필리핀에서 조그만한 사업으로 살고 있는 집 월세부터 그리고 불편한 다리로 평생을 사는 나

하나님과 관계없이 받는 고통들

에게 자동차를 사주고 선교에 필요한 부분을 충당해줍니다.

아내 이영애 선교사는 나의 손과 발이 되어주는 신실한 나의 동역자이자 돕는 배필입니다.

내 인생은 '아버지 하나님과 구세주 예수 그리스도와 보혜사 성령님'께서 계획하시고, 나를 주인공으로 하여, 시나리오, 각색, 각본, 연출, 음악, 미술, 배경, 무대, 엑스트라 캐스팅, 배우, 투자, 제작, 감독을 하셨습니다. 이 간증을 항상 나와 함께 하시는 성삼위 하나님께 바칩니다.

1

구약 성경에서
고통받는 인물들

1) 노아와 그의 가족

노아는 120년 동안 방주를 만들었다. 세상이 악으로 가득 찬 세상을 보신 여호와 하나님께서 대 진노를 하셨다. 물로 심판을 노아와 약속하고, 방주를 만들어 노아를 포함한 여덟 식구와 각 종의 동물과 짐승들, 각 종의 새들, 기는 것, 뛰는 것, 모든 각 종의 곤충들을 구원하셨다.

노아의 가족은 포도주를 만든 원조다. 노아에게는 세 명의 아들이 있었다. 셈, 함, 야벳. 어느 날, 포도주에 취해 발가벗은 채로 하체를 노출하고, 벌러덩 누워 자고 있는 아버지 노아의 모습을 본 함은 밖으로 나가 셈과 야벳에게 아버지의 발가벗은 모습을 전하였다. 셈과 야벳은 뒷걸음을 하고 아버지의 하체를 담요로 가려 드렸다. 술에서 깨어나 이 모든 일들을 알고 아버지 노아는 둘째 아들 함을 저주했다. 오늘날 함은 구스의 조상이요,

흑인들의 아비라고 전해지고 있다. 그 당시의 노아의 저주로 결국 전 세계로 흩어져 살고 있는 흑인들의 삶이 얼마나 비참한가? 그 옛날 30년 전쯤 흑백 텔레비전으로 흑인들을 노예를 다룬 "쿤타킨테" 드라마를 본적 있다.

 * 셈은 황색인의 조상, 함은 흑인의 조상, 야벳은 백인의 조상

2) 아브라함과 그의 가족

아브라함은 그의 아내 사라의 말을 듣고 애굽 사람 사라의 몸종 하갈과 동침 후 하갈이 잉태하여 아들을 낳고, 그 이름을 이스마엘이라 하였다.(창세기 16장) 이스마엘은 오늘날 이슬람(모슬렘)의 조상이 되었다. 마호멧이라는 사람을 통하여 결국 이슬람권이 전 세계를 생육하고 번성하고 있다.

아브라함의 부부는 네게브 땅으로 옮겨가 가데스와 술 사이 그랄에 거류한다.(창세기 20장) 아브라함은 일방적으로 아내 사라를 누이라 하였다. 아내 사라도 그렇게 인정하고 받아들였다. 그랄 왕 아비멜렉이 사람을 보내어 사라를 데려왔다. 그날 저녁 여호와 하나님이 그랄 왕 아비멜렉에게 나타나 사라를 당장 보내지 않으면 너와 네게 속한 자가 다 반드시 죽는다고 경고하셨다.
꿈에서 깨어난 그랄 왕 아비멜렉은 혼비백산하여 서둘러 사라를 아브라함에게 보냈다. 그랄 왕이 "어찌하여 네 아내를 누이동생이라 속여 여호와 하나님으로부터 우리 모두가 죽게 했

느냐?" 한다.

아브라함이 아무 생각 없이 저지른 "정말 사라는 내 누이동생이 맞다. 다만 아내 사라가 너무 아름다워 사람들이 나를 죽일까 생각하였다." 하는 변명 두 가지를 살펴볼 수 있다.

결국 전 인류에 미친 영향을 볼 때 엄청난 실수다. 그랄 왕 아비멜렉을 비롯하여 사라는 그랄 왕 처소에서, 아브라함은 밖에서 밤을 지새웠을 것이다. '하나님과 관계없이 받는 고통들'을 경험한 것이다.

3) 아브라함의 조카 롯의 이야기

소돔과 고모라는 그 당시 여인 쓰기를 버리고 남자가 남자를 서로 간음하는 다시 말해서 성이 문란한 도시였다. 쾌락과 음란의 도시, 에이즈 발생지인 소돔과 고모라다. 참다못한 여호와 하나님께서 소돔과 고모라 성을 유황불을 우박같이 내려 불로 소멸하였다.

한국에는 퀴어 축제, 동성 문화와 성 소수자들을 인권 미명 아래 그들을 보호하고, 에이즈 환자가 전국적으로 득실 되는 가운데 한해 5조원씩 들여서 그들을 치료한다는 뉴스를 듣는다. 에이즈는 현대 약으로 고칠 수 없다.

소돔과 고모라에 살고 있는 롯의 가족은 졸지에 롯의 아내는 세상을 사랑한 나머지 뒤를 쳐다 본 고로 소금기둥이 되었고, 롯과 두 딸은 소알 땅 조그마한 동굴에서 지내게 되었다.

큰딸이 동생에게 권한다.

"작은 애야! 아버지는 나이 많아 늙으시고, 이 땅에서 너와 나 누구에게 우리의 종족을 번식할까? 이러지 말고 우리가 오늘 밤 아버지를 술에 취하게 하여 종족에 씨를 받자."

그날 밤 아버지 롯은 인사불성 술에 취하여 눕자 큰딸이 아버지와 관계를 맺고, 그 다음날 작은 딸도 똑같이 하여 두 딸들이 롯으로 인하여 잉태하여 큰딸은 모압의 조상이 되었고, 작은 딸은 암몬의 조상이 되었다.

소돔과 고모라 도시에서 롯의 가족들은 무엇을 보고 살아왔나를 직감할 수 있다. 정말 롯은 '하나님과 관계없이 받는 고통들'을 모압과 암몬이란 손자들과 두 딸들과 소금기둥이 된 아내를 생각하면서 고통을 받고 살아갔을 것이다.

4) 야곱의 이야기

야곱의 비추어진 모습과 행동을 볼 때, 한국 교회 강단에서 목사님들은 저마다 같은 본문, 같은 제목으로 한 번쯤은 설교 안 하신 분이 없을 것이다.

야곱은 속이는 자로 아버지 이삭을 속이고, 형 에서의 축복권인 장자권을 도둑질 한 자로 21년 동안 외삼촌 라반의 집에서 처가살이 하면서 네 명의 처를 두고, 12명의 아들과 한 명의 딸을 두었다. 부인 네 명 중에 제일 사랑했던 라헬의 아들 요셉을 극진히 사랑했다.

어느 날, 10명의 아들들이 시기하여 요셉을 애굽으로 가는 이스마엘 상인들에게 팔았다. 형들을 보러 간 요셉이 죽었다고 들은 야곱은 식음을 전폐하고, "내가 어린 자식 요셉을 찾아 스올로 내려갈지라도 그를 만나겠다." 하고 눈물로 세월을 보내게 된다.

야곱은 거부가 되어 다시 세겜 땅으로 돌아오는 길에, 에서가 400명의 장정을 이끌고 추격한다는 소리에 야곱은 간담이 써늘했을 것이다.

이어지는 이야기는 대 흉년이 들어 먹을 것을 사러 애굽 땅으로 간 자식들… 애굽 땅에서 국무총리가 된 요셉을 알아볼 길 없었고, 결국 베냐민까지 담보로 잡혔다는 소리에 야곱은 말한다.

너희가 이 아이도 내게서 데려가려 하니 만일 재해가 그 몸에 미치면 나의 흰머리를 슬퍼하며 스올로 내려가게 하리라 창세기 44장 29절

야곱은 첫째로, 형 에서로부터 잡히면 죽는다는 마음고생을 하며 살았고, 둘째로, 사랑하는 아내 라헬의 아들 요셉은 짐승에게 잡혀 먹혔다 하고, 셋째로, 히위 족속 추장 세겜이 레아의 딸 디나를 강간하고, 그녀의 오라비들이 디나를 욕보인 대가로 추장 세겜을 비롯하여 히위 족속들을 공포에 몰아넣고, 살육하고, 강탈했다. 넷째로, 요셉의 동생 베냐민 마저 애굽땅에 국무총리에게 빼앗기게 되었으니 야곱은 자신이 행한 죄로, 또한 자식들

하나님과 관계없이 받는 고통들

때문에 '하나님과 관계없이 고통들'을 받았다.

5) 모세와 아론과 미리암의 이야기

모세의 형 아론은 금송아지를 만들어 이스라엘 백성들에게 "이 금송아지가 너희를 인도할 신"이라고 하였다.(출 32:4-28) 결국 그 사건을 통해 단번에 그 자리에서 3,000명이 죽임을 당했다. 아론의 어처구니없는 우상을 만드는 바람에 죽음을 자처했다.

모세가 구스 여자를 취하여 아내를 삼았다. 미리암과 아론이 구스 여인을 취한 것을 보고 모세를 비방했다.

여호와께서 구름 기둥 가운데로부터 강림하사 장막 문에 서시고 아론과 미리암을 부르시는지라…그는 내 온 집에 충성함이라…그들을 향하여 진노하시고 떠나시매…미리암은 나병에 걸려 눈과 같더라
민수기 12장 5-10절

반역한 너희여 들으라… 그의 손을 들어 그의 지팡이로 반석을 두 번 치니, 물이 많이 솟아나오므로 회중과 그들의 짐승이 마시니라 여호와께서 모세와 아론에게 이르시되… 내 거룩함을 나타내지 아니한 고로 너희는 이 회중을 내가 그들에게 준 땅으로 인도하여 들이지 못하리라 하시니라
민수기 20장 10-12절

미리암이 거기서 죽으매 거기에 장사되니라 민수기 20장 1절

아론도 호르산 꼭대기에서 제사장의 옷이 벗겨지고 죽임을 당했다.(민 20:28) 모세 역시 젖과 꿀이 흐르는 가나안 땅을 목전에 두고 들어가지 못했다. 세 남매가 '하나님과 관계없이 받는 고통들'을 당한 것이다.

6) 아간의 탐욕과 탐심의 이야기(여호수아 7장 16-26절)

유다 지파, 세라 족속, 삽디의 가족, 갈미의 아들인 아간이 뽑혔다. 아간은 노략한 물건 중에 시날 산의 아름다운 외투 한 벌과 은 이백 세겔과 무게가 오십 세겔 되는 금덩이 하나를 보고 탐했다. 그 대가로 그의 아들들과 그의 딸들과 소, 나귀, 양들과 그 장막에 속한 모든 것들을 아골 골짜기로 끌고 가서 온 이스라엘 돌로 치고, 물건들도 돌로 치고, 불사르고, 그 위에 돌무더기를 쌓았다.

아간부터 그의 친족까지도 '하나님과 관계없이 받는 고통들'을 받았다.

7) 삼손과 들릴라의 이야기(사사기 16장 4-22절)

삼손이 소렉 골짜기에 사는 들릴라 여인을 사랑했다. 목숨을 걸 만큼 사랑했다. 들릴라는 삼손의 힘이 어디서 나오는지를 매일 묻는다.

첫째는 새 활줄 일곱으로 나를 결박해라.

둘째로 새 밧줄들로 나를 결박해라.

셋째로 나의 머리 털 일곱 가닥을 베틀의 날실에 섞어 짜라.

들릴라는 자신의 무릎을 베고 삼손을 자게하고 머리털 일곱 가닥을 밀고 괴롭게 했다.

삼손은 힘이 빠져 일반인 같이 되었고, 결국 블레셋 사람들이 그를 잡아다가 삼손의 두 눈을 빼고 옥에서 맷돌을 돌리게 하였다. 여호와께서 삼손을 너무도 사랑하여 구별된 자 나실인이라 칭하였으나 물욕에 눈이 멀어 들릴라 여인에게 거짓 사랑에 빠져 비참해졌다.

삼손은 자기 힘만 믿고 잘난 채 하다가 '하나님과 관계없이 받는 고통들'을 받았다.

8) 사울 왕의 이야기(사무엘상 13장 8-15절)

사울은 두 가지 범죄로 인하여 하나님의 신이 떠나고 악신이 그에게 임했다.

첫 번째, 블레셋 사람들이 벧아웬 동쪽 믹마스에 진치매 이스라엘 사람들은 위급함을 보고 절박하여 굴과 수풀과 바위틈과 은밀한 곳과 웅덩이에 숨으며, 그에 따른 백성은 떨더라… 사울은 사무엘이 정한 기한대로 이레 동안 기다렸으나 사무엘이 길갈로 오지 아니하매 백성이 사울에게서 흩어지는지라, 사울은 하나님께 번제와 화목제물을 가져와 여호와께 번제를 드렸더

라. 사무엘이 도착하매 이미 제사가 끝남 뒤더라, 사무엘은 여호와께서 이스라엘 위에 왕의 나라를 영원히 세우려고 했었으나 지금은 왕의 나라가 길지 못 할 것이라. 여호와께서 왕에게 명령하신 바를 왕이 지키지 아니하였으므로…

두 번째, 지금 가서 아말렉을 쳐서 그들의 소유를 남기지 말고 진멸하되 남녀와 소아와 젖 먹는 아이와 우양과 낙타와 나귀를 죽이라 하셨나이다. 사울과 백성이 아각과 그의 양과 소의 가장 좋은 것 또는 기름진 것과 어린 양과 모든 좋은 것을 남기고 진멸하기를 즐겨 아니하고 가치 없고 하찮은 것은 진멸하니라. 사무엘이 근심하여 온 밤을 여호와께 부르짖으니라.

사무엘이 사울에게 물었다. "내 귀에서 양의 소리와 소의 소리가 들리는데 어떻게 된 것입니까? 여호와께서 아말렉의 모든 소유를 진멸하라 말씀하시지 않았습니까?" "사무엘이여 제가 하나님 여호와께 제사하려 하여 양들과 소들 중에 가장 좋은 것을 남겼습니다." "여보시오, 사울 왕이여! 순종이 제사 보다 낫고 듣는 것이 숫양의 기름보다 나으니라. 하나님 여호와 말씀을 거역한 것은 점치는 죄와 같고 완고한 것은 사신 우상에게 절하는 죄와 같음이니라 여호와께서도 왕을 버려 왕이 되지 못하게 하셨나이다. 왕이 여호와 말씀을 버렸<u>으므로</u> 버리셨나이다."(삼상 15:3,15, 23, 26)

결국 사울 왕은 악신이 들려(삼상 18:10) '하나님과 관계없이 받는 고통들'을 당했다.

9) 다윗 왕의 이야기 (사무엘하 11장 2-15절)

다윗은 밧세바를 강제적으로 궁으로 끌어들여 동침하였다. 동침보다는 남편이 버젓하게 살아있는 유부녀를 간통한 것이다. 밧세바는 생리가 끝나고 임신 주기에 다윗 왕과 동침한 것이다. 그 여인은 집으로 돌아가고 얼마 후 임신한 사실을 다윗 왕에게 알렸다.

이 사실을 알게 된 다윗 왕은 불편했을 것이고, 결국 헷 사람 우리아 장군을 죽이기로 결심하고 적진에 있는 요압에게 전령을 보내어 우리아 장군이 도착하면 적과 맹렬한 싸움에 앞세워 두고 죽게 하라고 했다.

헷 사람 우리아 장군은 다윗 왕에게 충성을 맹세한 신실한 장수였다. 결국 다윗은 씻지 못 할 죄를 범하였다. 주체할 수 없는 욕정을 채우기 위해 권력을 남용하여 신혼에 단꿈을 이룬 가정을 망가뜨렸다.

나단 선지자를 통한 하나님의 분노

어찌하여 네가 여호와의 말씀을 업신여기고 나 보기에 악을 행하였느냐 네가 칼로 헷 사람 우리아를 치되 암몬 자손의 칼로 죽이고 그의 아내를 빼앗아 네 아내로 삼았도다 … 보라 내가 너와 네 집에 재앙을 일으키고 내가 네 눈앞에서 네 아내를 빼앗아 네 이웃들에게 주리니 그 사람들이 네 아내들과 더불어 백주에 동침하리라 너는 은밀히 행하였으나 나는 온 이스라엘 앞에서 행하리라 **사무엘하 12장 9-12절**

다윗 왕과 밧세바 사이에서 낳은 아이가 태어나자마자 여호와께서 그 아이를 치시매 죽었다.(삼하 12:9-18)

이어지는 자식들의 살인극

암논이 압살롬의 누이동생 다말을 연모하여 자기 처소로 끌어들여 강간하였다. 압살롬이 이 사실을 알고 기회를 포착하여 다말을 위하여 복수심으로 이를 갈고 배다른 형 암논을 쳐 죽였다.

압살롬은 아버지 다윗 왕을 피하여 반역, 구테타를 일으켰다. 다윗 왕은 압살롬을 피하여 예루살렘을 뒤로 한 채 도망하였고. 압살롬은 도리어 이스라엘로 돌아와 여호와 말씀대로 다윗 왕 후궁들과 백주에 간음을 저질렀다. 압살롬은 다윗 왕의 군사들에게 패하고 달아나다가 죽임을 당한다.

다윗 왕 그는 밤마다 눈물로 침상을 띄우며 요를 적셨고(시 6:6) 처절하게 회개한다.(시 51:1-19) 우리는 여호와 하나님께 나아가는 다윗을 시편을 통하여 묵상할 수 있다.

필자는 요약하여 이 글을 적으나… 다윗 왕은 정말 피눈물로 그 몇 년을 살았다. 정말 '하나님과 관계없이 받는 고통들'을 몸소 체험했다.

10) 솔로몬 왕의 이야기

다윗 왕을 이어 왕이 된 솔로몬은 지혜가 출중한 사람이다. 나이 어린 솔로몬은 일천번제를 통하여 여호와 하나님을 영화

하나님과 관계없이 받는 고통들

롭게 하였다. 어린 나이에 나라의 왕이 된 솔로몬은 부귀영화를 구하지 않고 나라를 다스리기 위한 지혜를 구했다. 그런 솔로몬에게 여호와 하나님은 지혜뿐 아니라 부귀영화까지 주셨다.

그 업적은 말할 수 없을 정도로 대단했으나, 애굽의 왕 바로의 딸을 아내로 맞이할 뿐만 아니라 많은 여인을 사랑하였으니, 모압과 암몬, 에돔과 시돈, 헷 여인 등 후궁이 칠백 명이요, 첩이 삼백 명이었다. 이 여인들은 솔로몬의 마음을 돌려 다른 신들을 따르게 하였으며, 하나님 여호와를 온전하지 못하게 섬겼으며, 아버지 다윗 왕 마음과 같지 아니했으며, 우상들을 섬겼다. 모압의 가증한 그모스를 위하여 예루살렘 앞산에 산당을 지었고, 암몬 자손의 가증한 몰록을 섬겼으며, 이방 여인들을 위하여 분향하며 제사를 지냈다.(왕상 11장 7~8장)

솔로몬의 마음은 이미 이방신들로 이스라엘 하나님 여호와를 떠났고, 여호와 하나님의 진노가 임했다. 솔로몬이 40년 동안 이스라엘을 다스렸으나 노년에 솔로몬은 여호와 하나님의 진노를 받았다.

잠언, 전도서, 아가서를 통해 솔로몬의 심중을 읽을 수 있지만 그 역시 '하나님과 관계없이 받는 고통들'로 노년을 보냈다.

11) 엘리사의 사환 게아시의 이야기(열왕기하 5장 20~27절)

선지자 엘리사의 말에 순종하여 나아만은 나병에 걸린 몸을 고치기 위하여 요단강에서 일곱 번 몸을 잠그니 그의 살이 어린 아이 살 같이 회복되어 깨끗하게 되었다. 그 후 나아만은 치유의 감사의 뜻으로 엘리사에게 예물을 드리려 했으나 거절당했다. 그 뒤 나아만이 자기 나라로 떠나자 즉시 엘리사의 사환이 뒤를 쫓아간다. 이것은 엘리사가 명한 것이 아니라 예물이 탐이 나 스스로 행한 것이다. 사환 게아시를 보자 나아만이 수레에서 내려 반갑게 맞이한다.

게아시는 방금 선지자의 제자가 두 사람이 왔는데 이 두 사람을 위해 옷 한 벌씩 두 벌을 그리고 은 한 달란트를 주시라고 하더이다 말한다. 나아만은 "그래, 드려야지!" 하고는 옷 두 벌과 은 두 달란트를 준다.

게아시는 받은 것을 숨겨 두고 엘리사에게 갔다. 엘리사가 물었다.

"어디서 오느냐?"

"아무데도 가지 않았습니다."

"지금이 그런 것을 받을 때냐? 나아만에게 있던 나병이 너에게 들어갔느니라."

탐심을 부린 게아시에게 나아만의 나병이 들어갔다. 결국 게아시는 '하나님과 관계없이 받는 고통들'을 당한 것이다.

12) 요나의 이야기

요나는 두 번씩이나 하나님의 말씀에 순종하지 않았다. 첫 번째는 니느웨성으로 가라고 하였지만, 그는 다스시로 가는 배를 탔다. 밀항을 한 것이다. 갑자기 밀어 닥치는 거센 큰 폭풍으로 사공들이 다 죽게 되었는데, 요나는 배 밑창에 숨어 들어가 깊은 잠에 빠졌다. 선장은 배를 가볍게 하기 위하여 배에 물건들을 바다에 던졌다. 결국 선장에게 발견된 요나는 사공들 가운데 서게 되었다.

선장은 우리가 이럴 것이 아니라 누구 때문에 하나님께서 노하시는지를 제비 뽑자고 했다. 요나가 제비에 뽑혔다. 요나는 외쳤다.

"나는 히브리 사람이요, 바다와 육지를 지으신 하늘에 하나님 여호와를 경외하는 자입니다. 여러분! 저를 바다로 던지시오. 이 큰 폭풍이 일어난 것은 바로 나 때문입니다. 저를 바다로 던져야 폭풍과 거센 파도가 멈춥니다."

결국 요나는 바다로 던져졌고, 여호와 하나님께서 이미 큰 물고기를 예비하사 요나를 삼켰다. 요나는 큰 물고기 뱃속에서 밤낮 삼일 동안 있다가 육지에 토해졌다.

하나님의 말씀이 두 번째 임했다.

"니느웨 성에 가서 내가 너에게 명한 바를 선포하라!"

니느웨 성은 사흘 동안 걸을 만큼 큰 성이었다. 40일 후에 니느웨 성이 무너질 것을 선포했다. 요나는 내심 이스라엘의 적국인 니느웨 성이 무너져 멸망하기를 원했다. 그래서 하나님의 말씀을 어기고 도망치려 했던 것이다.

니느웨 성 안에 사는 십이만 명과 수많은 가축들을 살리는 일을 매우 싫어하였고, 끝내는 자기의 목숨을 거두어 가라고 여호와 하나님께 생떼를 쓴다.

두 번씩이나 하나님의 말씀을 어기고 자기중심, 자기 생각에 붙들려 살다가 여러 번 죽을 고비를 넘겼다. 이 모든 것이 '하나님과 관계없이 받는 고통들'이다.

②

**신약 성경에서
고통받는 인물들**

1) 베드로의 이야기

베드로는 12제자 가운데 가장 예수님의 신임을 얻은 제자 중에 수제자였다. 성격이 급하고 울기도 잘하고 툭하면 의협심 때문에 예수님을 놀라게 한 사람이다. 의심도 잘하고 긴가민가 항상 갈등 속에서 때론 무대포로 사는 사람이었다. 그래도 제자들 중 만형으로서 예수님을 잘 따랐다.

베드로의 직업은 물고기를 잡는 어부다. 매번 실수도 많이 하고 좋은 것을 좋다고 하는 순수함이 있다. 배를 두 척이나 게네사렛 호숫가에 띄웠지만 물고기를 잡으려고 밤이 맞도록 고생하였으나 한 마리도 잡지 못했다.(눅 5:2,5)

예수님은 겟세마네 동산에서 이마에서 떨어지는 땀방울이 핏방울로 떨어져 기도하셨던 자리가 피로 붉게 물들었다. 베드로는 기도하는 동산에서 잠들었다.(눅 22:39, 44, 45) 가룟 유다가 군대와 대제사장들과 바리새인들에게서 강도를 잡듯이 검과 몽치를 가지고 예수님을 잡을새 시몬 베드로가 칼을 빼어 대제사장의 종을 쳐서 오른쪽 귀를 베어버리니 그 종의 이름은 말고였다. (요 18:10)

유대인의 아랫사람들이 예수를 잡아 결박하여 먼저 안나스에게로 끌고 갔다. 수제자였던 베드로는 3번씩이나 예수님을 부인했다. 베드로가 바깥뜰에 앉았더니, 한 여종이 나아와 "너도 갈릴리 사람 예수와 함께 있었도다"하니 모든 사람들 앞에서 "나는 네가 무슨 말을 하는지 알지 못하겠노라"(마 26:69-70) 한다.

또 대제사장의 여종 하나가 와서 "너도 나사렛 예수와 함께 있었도다"하니 베드로가 부인하여 "나는 네가 무슨 말을 하는지 알지 못하고 깨닫지도 못하겠노라"(막 14:67-68) 했다.

다시 한 여종이 베드로가 불빛을 향하여 앉은 것을 보고 "너도 그 도당이라"하니 베드로가 이르되 "이 사람아 나는 아니로라"(눅 22:56, 58) 말한다. 귀가 잘린 사람의 친척이 묻되 "네가 그 사람과 함께 동산에 있는 것을 보았다"하니 베드로가 부인하여 "나는 아니라"(요 18:25) 한다.

사복음서는 각각 베드로의 부인하는 장면을 듣고 본대로 기록하였다. 주의 말씀 곧 "오늘 닭 울기 전에 네가 나를 세 번 나를 부인하리라" 하셨던 말씀이 생각나 베드로는 밖으로 나가서 심히 통곡하였다.(눅 22:61-62)

베드로는 디베랴 호수로 다시 물고기 잡이 어부로 돌아갔다.(요 21:1) 이처럼 베드로는 파란만장한 삶을 살았고, 끝내는 사랑하는 주님을 십자가에 못 박혀 죽게 하였으며, 그 낙심한 마음으로 물고기를 잡는 어부로 갈 수밖에 없는 베드로는 '하나님과 관계없이 받는 고통들'을 경험한다.

2) 아나니아와 삽비라의 이야기

초대교회가 세워지고 너도 나도 이구동성으로 믿는 무리가 한마음과 한뜻이 되어 모든 물건을 서로 통용하고 자기 재물을 조금이라도 자기 것이라 하는 이가 없었고, 바나바를 이어 아나니아와 삽비라 부부도 자기들의 소유인 밭을 팔아 사도들 발 앞에 가져왔다. 참으로 귀한 일이 아닐 수 없다.

문제의 발단은 밭을 팔아 얼마의 돈을 감추고 속인 것이다. 사도 베드로가 말했다.

"사람에게 거짓말한 것이 아니요 하나님께로다."

이 말을 들은 아나니아는 그 즉시 혼이 떠나 젊은 사람들이 시신을 싸서 메고 나가 장사하였다. 세 시간이 지나 삽비라가 사도들 앞에 섰다. 사도 베드로가 물었다.

"그 땅 판 값이 이것뿐이냐? 어찌하여 너희 부부가 함께 꾀하여 주의 영을 시험하려 하느냐 보라 네 남편을 장사하고 오는 사람들을…"

이어서 삽비라도 혼이 떠나 죽었다.(행 4:32, 행 5:1-10) 아나니아와 삽비라는 '하나님과 관계없이 받는 고통들'을 당하고 죽었다.

3) 데마의 이야기

데마는 바울 사도를 통해 회심한 후 바울의 동역자가(골 4:14,

몬 1:254) 되어 복음을 전하다가 박해와 고난을 받자 그 어려움을 이기지 못하고 천국 소망과 상급을 버리고 이 세상을 사랑하여 데살로니가로 가버렸다.(딤후 4:10) 데마도 성령으로 시작하다가 육신의 삶 '하나님과 관계없이 받는 고통들'만 받고 세상 사람이 되었다.

4) 그밖에 이야기

로마서 1장 26-32절, 동성애와 화인 맞은 자.

로마서 13장 13절, 술 취하고 방탕하는 자.

고린도전서 8장, 우상을 섬기고 우상의 제물을 탐하는 자.

요한복음 10장 10절, 삯군 목자.

디모데후서 3장 1-6절, 경건의 모양은 있으나 경건의 능력을 부인하는 자.

베드로전서 3장 16절, 성경을 억지로 풀다가 멸망하는 자.

마가복음 7장 21-23절, 속에서 곧 사람의 마음에서 나오는 더러운 것들.

이 모든 것들이 다 '하나님과 관계없이 받는 고통들'이다.

하나님과 관계없이
받는 질병으로
고통당하는 그리스도인들

The Suffering That Is Suffered Regardless Of God

다시 돌아온 선교지

필리핀에 도착해서 집을 구하러 다니는데, 나는 문화 사역을 위하여 지하실을, 아내는 망고나무를, 아들은 수영장이 있는 집을 원하며 기도했다. 그런데 그 소원대로 3가지가 다 응답되었다. 비록 20년 가까이 된 낡은 집이라 지붕에서 비가 새고, 여기저기 성한 곳이 없었지만 분명한 응답이었기에 우리는 마냥 행복했다. 짐을 풀기 전 예배를 드리고 하나님께 영광을 돌렸다. 창문마다 방충망이 없었고 에어컨 자리는 뻥 뚫려 있었다. 부엌 싱크대는 썩었고, 화장실도 무척 더러웠다. 수영장 역시 물이 썩어서 악취를 낼 정도였다. 그래도 지하실이 준비되어 있어 좋았다. 필리핀에서 음악 연습실로 쓸 수 있다는 사실이 더없이 기뻤다.

3일째 되는 날 아내와 함께 뒤뜰을 걷다가

망고나무 잎이 많이 떨어져 쌓여 썩어가고 있다는 생각을 하

하나님과 관계없이 받는 고통들

는 순간 오른발이 미끄러지면서 콘크리트 벽에 왼쪽 발바닥이 부딪쳤다. 갑자기 "뚝" 소리가 나고 순식간에 눈물이 "핑" 돌면서 하체가 풀렸다. 엄청난 통증이 엄습하였다. 처음에도 언급했듯이 나는 왼쪽다리 지체 3급의 장애를 갖고 있다. 항상 정상적인 오른쪽 다리만 의지한 채 걸었던 상태에서 오른발이 미끄러지는 순간 옆에 있는 아내도 뒤로 나가자빠지는 나를 붙잡지 못했다. 곧이어 발목이 붓고 쑤시기 시작했다. 이것도 내 신앙으로는 '하나님과 관계없이 받는 고통들'이라고 인정하고 순간적으로 예수님이 2천 년 전에 지금 다친 이 아픔을 가져 가셨다고 믿었다.

아내가 신속하게 나를 둘러업고 거실로 옮겨 얼음찜질을 하였다. 내 생각으로는 뼈가 상한 것 같았지만 계속 '내가 아니요'를 적용하고 기도한 2주 후에 병원 가서 X-RAY를 찍으니 인대를 다쳤다는 것이었다. 하나님께 감사했다. 3개월 동안 꼼짝 않고 기도하며 성경말씀만 읽었다. 통증이 오고 쑤실 때마다 계속 '내가 아니요'를 적용했다.

그 후 10월에 한국에 나갔다. 마침 의료보험공단에서 지체장애인들에게 특수 구두 비용을 보조해준다는 신문기사를 보았다. 그래서 구두를 맞추러 가니 진단서가 필요하다며 정형외과에 다녀오라고 했다. 필리핀에서 3개월 전에 다친 발목이 뻑뻑하고 걸을 때마다 신경 쓰이기도 해서 겸사겸사 X-RAY를 찍었다. X-RAY를 판독한 의사가 이렇게 말하는 것이었다.

"선교사님! 발목이 금이 갔었는데 붙었네요. 금이 간 부위가 원래 통증이 심한 곳입니다. 하나님의 은혜입니다. 선교사님 나이에 붙기가 쉽지 않는데 말이죠."

들고 싶었던 그 소리를 듣는 순간 발목이 시원해지면서 마음에 기쁨이 밀려왔다. 그리고 감사가 넘쳤다. 예수님께서 2천 년 전에 가져가신 것을 믿고 '내가 아니요'를 적용하였더니…

그렇다. 어떠한 아픔도 통증도 '내가 아니요'를 적용하면 그 아픔이 사라지고 깨끗함을 받을 수 있다. 우리가 하나님의 말씀을 의심 없이 그대로 믿을 때 하나님께서 가장 기뻐하신다.

보조식품을 잘못 복용하다

10여년 만에 만난 얼굴이 있었다. 그는 ㅁㅅ교회 집사가 되었고, H 회사에서 사무장으로 일하면서 부업으로 ○○사업을 하였다. 그렇지 않아도 그 회사 제품을 쓰고 있는 터라 반가웠다. 마침 구입을 해야 하겠기에 주문을 하고 3일 후에 다시 만났다. 그는 제품 목록을 보여주며 다른 제품도 구입하기를 권하였다. 그래서 가정용품을 비롯하여 필요한 것들을 사게 되었다.

"목사님! 목회하시다 보면 많은 에너지가 필요하고, 목사님의 경우는 상담하시랴, 말씀 전하시랴, 찬송하시랴, 간증하러 다니시랴 하셔서 자주 배가 고프고 허기질 수 있으니 이번에 보조식품으로 ○○이 나왔는데 드시면 큰 효과를 얻을 수 있어요." 하며 권했다. 설명을 들으니 괜찮을 것 같아 구입한 후 복용하라고 이야기해 준대로 하루에 3회씩 식사 후 물과 함께 먹었다.

그런데 부작용이 생긴 것이다. 3일이 지나고, 6일이 되고, 일

하나님과 관계없이 받는 고통들

주일 되었는데도 대변이 나오질 않고, 배가 단단하고, 머리가 무겁고, 두통이 생기면서 머리카락이 한 움큼씩 빠지는 것이었다. 변이 딱딱하게 굳어 할 수 없이 손에 비누를 칠한 다음 손가락을 항문에 넣어 후벼 팠고, 통증을 느끼며 변을 봐야 했다. 이 일을 집사님에게 이야기하자 그는 무조건 본인이 용법을 잘못 가르쳐주어서 고통을 주었다며 사과했다. 물건을 반환하고 환불도 받았는데 집사님은 미안하다며 다른 선물을 주기도 했다.

그래도 마음 한구석이 힘들어서 A 본사에 직접 전화하여 상담원과 대화를 나누었다. 한사코 자기 회사 제품은 제일 좋은 것이기 때문에 문제가 없고 체질상 문제라며 나에게 책임을 전가하였다. 괘씸한 생각도 들었지만 그 집사님 때문에 참았다.

결국 계속되는 변비로 변비약을 복용하기에 이르렀다. 왜 그런지 머리카락도 많이 빠져버렸다. 변도 내 마음대로 보지 못하는 이 현실을 받아들이면서도 한편 이 모든 것이 원망스럽고 왕짜증이 났다. 이것이 바로 '하나님과 관계없이 받는 고통들'임을 알게 되었다. 그래서 변을 볼 때마다, 머리를 감을 때마다 이것조차도 예수님이 2천 년 전에 가져가셨다고 인정하고 믿고 적용하였다. 그랬더니 비록 사흘에 한 번씩 대변을 보지만 한결 부드럽고 좋아졌다. 성도들이 선물한 발모제 샴푸를 쓰면서 원형 탈모로 번들거리던 머리도 제법 머리카락이 많이 자라 수북해졌다. 변비로 고통을 겪으면서 변비가 보조식품과 연관되어 있다는 생각을 버리고 로마서 7장 20절 '내가 아니요'를 적용하였더니 매우 좋아졌다.

1) 각 종 질병으로 고통당하는 내담자의 사례를
상담을 통한 치유 사역

손톱무좀

이런 일이 있은 이후, 손톱무좀으로 고생하였다. 항문에 손가락을 넣어서 변을 보다 보니 손톱 사이에 곰팡이 균이 침투하여 생긴 병이 아닐까 생각해 보았다. 가려우면서, 진물이 나고, 고름까지 동반한 통증이 왔다. 이것 또한 '하나님과 관계없이 받는 고통들'이다. 처음엔 혹시 생인손을 앓는 것 아닐까 하여 뜨거운 간장에 손가락을 지지기도 하고, 식초에 담그기도 했다. 그러나 그때뿐이고 손톱에서 쾌쾌한 냄새까지 났다. 점차 손톱은 누런색으로 변했고, 두꺼워졌으며, 보기에도 흉하고, 신경이 많이 쓰였다.

이 또한 이미 2천 년 전에 나의 질병을 예수님께서 가져가셨음을 믿고 '내가 아니요'를 고백하면서 약을 복용하면서, 바르기를 계속 많은 날짜들이 필요하였지만 얼마 후 손톱이 정상으로 돌아왔다.

알르레기 비염

나는 알레르기성 비염을 심하게 앓은 적이 있었다. 한번 재채기가 나오면 멈출 수 없을 정도로 심했고, 콧물은 수돗물같이 흘러나왔다. 괜찮다 하고 방치하다 보면 어느새 재채기를 쉴 새 없이 하고 있었다. 특히 날씨가 건조하거나, 후덥지근하거나, 선풍기나 에어컨 바람을 쏘이다 보면 영락없이 증세가 나타났다. 날

씨 변동이 심할 때면 재채기를 동반한 콧물은 거의 주체할 수 없을 정도였다.

결국 감기로 착각하고 약을 복용하지만 그때뿐이었다. 내 몸을 관리 못한 '하나님과 관계없이 받는 고통들'이다. 그 후 증상이 심각할 때 '내가 아니요'를 적용했다. 그랬더니 한결 좋아지면서 어느 순간, 알레르기는 치유되었다.

갑자기 쏟아진 폭우로 한 가정에 큰아들의 죽음

2018년 10월 어느 날 오후, 필리핀의 중부지역 앙겔레스에서 한인 선교사 기도모임을 마치고 마닐라로 들어오고 있었다. 마닐라 톨게이트 1키로 미터를 앞두고 갑자기 마닐라 전 지역의 상공이 순식간에 시커멓게 변하더니 굵은 빗방울이 세차게 유리창을 때렸다. 와이퍼를 가장 빠르게 동작하도록 작동하고 서서히 톨게이트로 진입하는 중 휴대폰 벨이 울렸다. 교회에서 현지인 목사로부터 온 전화였다.

"목사님, 큰일이 났습니다! 사이라 집에 물이 차서 큰아들과 막내아들이 실종되었습니다."

그 소리를 듣고 우리 내외는 세찬 비바람을 뚫고 교회로 향했다. 1시간 30분 후에 교회 도착했으나 이미 종료가 된 상태였다.

엄마 사이라는 막내아들을 안고 앰블런스를 타고 병원으로 갔고, 큰아이는 물에 떠내려갔다는 제보를 듣고, 시청 공무원, 바랑가이(동사무소) 직원이 우리 교회 성도들과 함께 새벽 1시까지 찾았는데, 결국 약 500미터 떨어진 개천가에 나뭇가지와 떠내려온 쓰레기 더미에 코를 박고 죽어 있는 시체로 발견되었다.

사고는 이렇했다. 1시간 30분가량 내린 폭우로 갑자기 쓰나미처럼 밀려오는 물살을 견뎌내지 못하고 봉변을 당한 것이다. 사이라 성도는 4남매를 둔 젊은 엄마다. 아들 셋, 딸 하나를 두었다. 큰아들은 8살, 둘째가 6살, 딸아이는 4살, 막내가 2살이었다. 엄마는 딸아이를 데리러 유치원을 간 사이에 일어난 일이다.

아들 세 아이가 2평 남짓한 거실에서 놀다가 갑자기 밀려오는 물살로 인하여 위험에 처해지자 큰애가 둘째를 작은 방으로 밀치고, 막내 동생이 밖으로 떠내려가는 순간 자기 몸을 던져 막내 동생을 집어 방안으로 던져버리고 본인은 물살에 휩쓸려 밖으로 급물살과 함께 떠내려가 동네 하수구를 통해 개천까지 간 것이다.(6살 둘째가 사고현장을 증언)

병원으로부터 급하게 전화가 왔다. 막내아들은 머리가 손상되고 양 팔목과 한쪽 다리가 부러져 기부스를 한 상태며, 머리를 수술하였으나 살아날 가망이 없다고 한다. 병원에서 3시간 후 다시 전화가 왔다. 살아날 가망성은 50대 50이라 한다. 그 소리를 듣고 필자는 바로 머리를 조아리고 기도했다. 순간 내 마음 가운데 이런 감동이 왔고. 성령 하나님께서 이렇게 말씀하셨다.

"서 목사야! 네가 달려가서 그 아이를 위하여 안수기도하면 살려주마!"

곧바로 아내와 함께 동역하는 현지 목사와 함께 병원으로 급하게 차를 몰고 갔다. 중환자실이라 한 사람만 면회가 가능하다고 하여 필자만 안내를 받아 중환자실로 들어가 바로 사경을 헤

하나님과 관계없이 받는 고통들

매고 있는 아이의 머리에 손을 얹고 기도하였다.

한국어로 "믿는 자에게 이런 표적이 따르리니 원치 않는 사고로 인하여 사경을 헤매는 아이 머리에 손을 얹고 기도한즉 나으리라 예수님의 이름으로 기도드렸습니다. 아멘"

그리고 일주일 후에 큰아이는 교회장으로 천국 환송 예배를 드렸다. 큰아들을 먼저 보내고 슬픔에 잠긴 엄마 사이라 마음은 그 무엇으로도 위로할 수 없었다. 매일 우리 내외는 병원을 찾아가 사이라를 위로하고, 필요한 것들을 사라고 위로금을 주곤 하였다. 큰아이 장례를 치룬 후 사이라를 불러 놓고 상담을 하였다.

"이미 에릭은 하나님 품에 안겼다. 속지마라! 마음과 생각에 붙들고 있는 에릭을 놓아 주어라! 아이가 죽은 것도 억울한데 매일 슬퍼하며, 눈물을 흘리며, 고통하면 누구 손해냐? 이것조차도 예수님이 2천 년 전에 가져가셨다. 속히 마음과 생각에서 분리하고 그 고통에서 빠져나와 예수님을 바라보고 100% 믿어라! 고통하고 있으면 나만 손해다! 속히 마음을 추스르고 막내 아이를 돌보아야 한다. 막내 아이는 살았다. 살았으니 낙심치 말아라! 성삼위 하나님께서 살려 주셨다. 100% 믿고 인정해라!"

사이라의 눈을 보니 '알았어요. 다시는 울지 않겠습니다.' 라는 눈빛이었다.

그리고 2년이란 세월이 흘렀다. 성삼위 하나님께서 필자를 통해서 일하시고 그 아이를 살려 주셨다. 수술한 자국이 너무 심해 흉터로 남은 자리에는 지금도 머리카락이 나지 않지만 엄마 아빠와 형과 누나의 손목을 잡고 매주일 열심히 교회를 나오고 있다. 사람을 통해서 역사하시는 성삼위 하나님. 기도 중 말씀하실 때 자기 생각을 넣지 않고 그대로 순종하였더니 하나님이 일을 하셨다.

엘리야를 통하여, 사르밧 과부의 아들 엘리사를 통하여 수넴 여인의 아들을 살리신 여호와 라파의 하나님을 찬양한다.

Jerry의 척추 측만증

척추측만증으로 고통으로 살아야 했던 15세 소년 Jerry. 그는 갓난아기 때부터 엄마와 단둘이 살고 있다. Jerry가 11살 때 필리핀 서남찬양교회로 와서 엄마와 같이 예배를 참석하였다. 1년이 지나고 나서 알게 되었지만 Jerry의 등, 허리 위 오른쪽 부위에 야구공 크기 만한 것이 혹인 줄로 알았는데 둥근 모양으로 뼈가 자라 있었다. 예배를 마치고 아내 이영애 선교사가 나를 부르더니 말했다.

"당신이 Jerry를 위하여 안수기도 해주세요."

그래서 나는 Jerry를 의자에 앉게 하고 진지하게 예수님의 이름으로 기도하였다. 매주 예배 후 의례 것 안수기도를 하였다. 어느 날 아내가 "여보! 우리 Jerry를 한국 데리고 가서 수술시켜요."라고 말했다. 그리고 3년 가까이 그 목적을 놓고 작정기도를 하였다.

나도 하지체 3급의 장애를 갖고 평생을 살고 있지만 나 자신도 Jerry의 척추측만증을 의식하지 못했다. 그런데 아내 이영애 선교사는 장애 남편을 섬기고 사랑하며 살아가기 때문에 성삼위 하나님께서 먼저 Jerry의 상태를 보게 하셨다.

3년이 지나는 과정에서 뼈는 열심히 자라 아기 머리 크기만큼 자랐다. 마닐라 날씨는 매년 4월, 5월이 1년 중에 가장 무덥다. 섭씨 40도를 오르락내리락 한다. 그 더위에도 아랑곳하지 않고 2개월 가까이를 두꺼운 겨울 점퍼를 입고 땀을 뻘뻘 흘리면서 교회를 나온다.

이유는 사춘기에 접어든 Jerry는 사람들을 의식했기 때문이다. 꼽추 같이 튀어 나온 등, 허리 때문에 그것을 가리기 위하여 보상심리적으로 점퍼를 입고 나오는 것이다. Jerry를 한국에 데려가기 1년 전 Jerry를 포함하여 5명의 여자 고등학생들을 선발하여 Korea Dream Team을 남자 1명, 여자 5명을 구성하여 30분에서 40분짜리 프로그램들을 만들었다. 한국에 가면 초청된 교회에서 사역을 하기로 하고 1년 동안 준비하고 있었다. 그러던 어느 날 복음성가 가수 이평찬 목사님으로부터 전화가 왔다.

풍성한알곡교회의 박경자 사모님이 세부에서 영어 연수차 2개월을 마치고 마닐라에서 일주일 체류한 후 한국으로 귀국 하시는데, 서 목사님의 교회에서 주일예배를 드리고 며칠 동안 서 목사님 댁에서 체류를 부탁한다는 것이었다.

그 후 박경자 사모님을 우리 집으로 모셨다. 필자가 섬기는 필리핀 서남찬양교회에서 예배를 드린 후 Jerry를 박 사모님께 소개하였다. 박 사모님은 우리 교회에 정형외과 원장님과 간호사 몇 분이 교회를 출석하시는데 한국에 오시면 Jerry를 데리고 병원에 가서 진찰 한번 받아보라고 하셨다.

몇 개월 후 Korea Dream Team을 데리고 한국에 들어갔다. 박경자 사모님의 안내를 받아 먼저 Jerry를 데리고 정형외과 병원에 갔다. CT, MRI, X-RAY를 찍고 진단을 받았는데 현재 매우 심각하다는 것이었다.

"빨리 대학병원으로 옮겨 수술을 받아야 합니다. 하루라도 늦으면 양쪽 다리를 쓰지 못하는 결과를 초래할 수 있습니다."

그 말을 듣는 순간 가깝게 지내던 양성태 목사님께 이 사실을 알렸는데, 친구이며 동기이신 신촌세브란스병원 원목 최형철 목사님과 연결되어 신속하게 일이 진행되었다. 곧바로 신촌세브란스병원으로 옮겨 세밀한 진찰을 다시 받은 후 수술 날짜를 잡았다.

수술비용이 1억에 가까운 비용이 들 것을 예고하였다. 먼저 천만 원을 준비하시면 신촌세브란스병원 사회사업부에서 9천만 원을 지원하고, 한국보건복지부에서 Jerry와 그의 엄마 두 사람의 초청장과 왕복 비행기표를 준비한다고 한다.

막상 감사가 나오면서도 천만 원을 어떻게 준비하느냐 하는 기도제목이 생겼다. 일단 각 교회를 돌면서 Jerry의 딱한 사정을 소개하고 천만 원을 구하는 데 힘을 실었다. 결국 성삼위 하나님

하나님과 관계없이 받는 고통들

께서 천만 원을 준비해주셔서 Jerry가 수술을 받게 되었다.

11시간 동안 대수술이 진행되었고, 수술은 너무 잘 되었다. 머리 크기 만큼 자란 뼈를 제거하고 척추에 인조 나사못으로 고정하였다. 굽었던 허리가 펴지면서 수술 후 키가 10센티가 자랐다. 대한민국 국가 차원에서 의료 봉사를 하는 것이라 마침 아리랑 TV에 출연해 Jerry 수술 과정과 살아온 삶을 다큐멘터리로 촬영하여 방영하였다.

Jerry의 엄마는 마닐라 퀘존에서 호주 선교사가 운영하는 오네시모 선교회에서 가출 청소년 여자아이들을 돌보고 있다. Jerry 엄마는 우리 내외를 진짜 선교사라고 말한다. 자기가 섬기고 있는 호주 선교회에서는 말만 할 뿐이지 Jerry를 Care는 못했다 한다. Jerry는 마닐라 장신대를 올해 2020년 8월에 졸업한다. 현재 Jerry는 필리핀 서남찬양교회 주일학교 담당전도사와 음악전도사로 사명을 감당하고 있다.

2018년 5년 만에 수술한 자리가 너무 아파서 다시 신촌세브란스병원에 입원해 다시 재수술을 받았고, 지금은 아주 상태가 양호하다. 수술비용이 약 2천만 원 정도 나왔지만 역시 사회사업부에서 지원해주셨다. Jerry는 숨이 끊어질 때까지 하나님께 영광 돌리는 삶을 산다고 간증한다.

이 모든 것을 성삼위 하나님께서 직접 일을 하셨다. 우리 내외를 사랑하시고, Jerry 모자를 사랑하셨다. 성삼위 하나님께서 아예 Jerry를 치료하시기 위하여 작정하시고 아내를 통하여 보게 하셨고, 예상치 않은 이평찬 목사님의 전화를 받게 하시고, 박경자 사모님을 마닐라로 보내 주시고, 양성태 목사님을 통하여 신촌세브란스병원 원목 최형철 목사님을 만나게 하시고 예비되고 준비된 신촌세브란스병원 의사와 사회사업부와 이숙자 팀장님과 김기창 선생님과 그리고 Jerry가 마닐라 장신대를 졸업할 수 있도록 기도로 물질로 후원한 언더우드 선교회에 감사드린다.

사스(중증급성호흡기증후군, Severe Acute Respiratory Syndrom, SARS)

사스에 노출된 후 2일 내지 10일의 잠복기가 지나면 발병된다. 첫째 주에는 인플루엔자 의사 증상이 발생하는데 주요 증상은 발열, 권태감, 근육통, 두통, 오한 등이며 특이적인 증상이나 증후는 없다. 발열이 가장 흔한 증상이지만, 초기에 발열이 없을 수도 있다. 기침(초기에는 객담 없는 마른 기침), 호흡곤란, 설사 발병이 첫 주에도 나타날 수도 있지만, 발병 2주째에 흔하게 나타나며 콧물이나 인후통 등의 상기도 증상은 흔하지 않다.

중증 환자는 급속히 호흡부전이 진행되어 약 20%에서는 집중치료가 필요할 정도로 산소부족을 겪게 된다. 많은 환자에서 혈액 또는 점액이 없는 대량 수 양성 설사 증상을 호소한다. 전염은 주로 발병 두 번째 주에 발생한다. 노인의 경우 발열이 없거나 혹은 세균성 패혈증/폐렴이 동반되는 등 비전형적인 증상이 문제가 되었다. 만성질환이 있고 보건의료기관을 자주 이용함에 따라 병원감염으로 전염될 가능성이 크다.

하나님과 관계없이 받는 고통들

소아에서는 사스가 비교적 적게 발생하였고, 증상도 경미하였다. 임산부가 사스에 감염되면 임신 초기에는 유산이 될 수 있으며, 임신 후기에는 모성 사망을 증가시킨 것으로 알려져 있다. 출처:위키 백과사전

메르스코로나바이러스(MERS-CoV) 감염에 의한 급성 호흡기 질환

대부분 환자가 중증급성하기도질환(폐렴) 양상을 보이지만, 일부는 무증상을 나타내거나 경한 급성상기도질환을 나타나는 경우도 있다. 주 증상은 발열, 기침, 호흡곤란 등이다. 그 외에도 두통, 오한, 인후통, 콧물, 근육통뿐만 아니라 식욕부진, 오심, 구토, 복통, 설사 등이 있다. 대표적인 합병증은 호흡부전, 패혈성, 다발성 장기 부전 등이며, 급성신부전 동반 사례가 사스보다 흔하다. 기저질환(당뇨, 만성폐질환, 암, 신부전 등)이 있는 경우와 면역 기능 저하자는 MERS-CoV 감염이 높고 예후도 불량하다.

일반적 검사소견으로는 백혈구감소증, 림프구감소증, 혈소판 감소증, LDH 상승이 흔하다.

잠복기는 5일(최소 2일 - 최대 14일)이며, 사우디아라비아에서의 보고에 의하면 치명률은 30%~40% 수준이다. 출처:위키 백과사전

코로나 19(coronavirus (2019-nCov)

증상도 조금씩 다르다. 일단 감기는 증상이 다양하고 복잡하게 나타나며 서서히 시작돼 증상이 나타난 시점을 정확히 알기 어렵다. 보통 콧물이나 코막힘, 두통, 미열 등이 나타난다.

발열이나 오한, 드물게는 결막염이나 설사를 동반하기도 한다. 반면 독감은 어느 날 갑자기 증상이 나타나며 38도 이상의 고열과 극심한 피로감, 근육통 등의 전신증상을 동반한다. 에이치플러스 양지병원 감염내과 이지용 과장은 "현재 가장 문제가 되고 있는 코로나 19 감염증은 약 이틀에서 보름 정도의 잠복기 후 37.5도가 넘는 발열과 기침, 가래 등의 호흡기증상이나 누런 가래, 심한 기침 등의 폐렴 증상이 나타난다며 최근 무증상 감염 사례도 확인되면서 증상을 보다 주의 깊게 관찰할 필요가 있다고 말했다. 출처:헬스경향

필자는 코로나 19를 알기 전, 이미 평생을 호흡기 증상으로 누워서 제대로 잠을 자본적이 없었고, 묽은 가래, 누런 가래, 심한 기침, 객혈을 쏟아내면서 살아왔다. 40도를 오르내리는 고열과 사지 관절 팔다리가 쑤시는 고통과 설사와 두통과 오한의 추위로 음식물도 넘기지 못하고 구토를 하였고, 죽는 날만 기다리는 산송장이었다. 그러나 지금의 필자는 성삼위 하나님의 은혜로 강건하게 살고 있다.

사스, 메르스, 코로나 19 증세가 다 비슷하다. 그러기 때문에 얼마든지 깨끗하게 치유받을 수 있다. 2019년부터 시작된 중국 우한 지역으로 시작한 코로나 19로 인하여 많은 사람들이 죽어가고 있고, 코로나 19 확진자들 중에 죽음과 사투하는 자들이 너무 많다.

얼마 전 대구지역으로 확산된 코로나 19로 인하여 대한민국

하나님과 관계없이 받는 고통들

국민들 전체가 불안해 떨었다. 너무도 마음이 아픈 것은 교회들이 폐쇄 당하고 성삼위 하나님께 드려야 할 예배가 속수무책으로 줄어들고 있다는 실정이다. 또한 마스크 착용과 손세정, 발열 체크를 해야만 예배당에 들어가 예배를 드리게 했다.

그래서 코로나 19로 인하여 불안해하고, 약해져만 가는 기독교인들에게 코로나 19에서 치유와 자유를 얻을 수 있도록 아래의 말씀을 적용해야 한다.

사실상 코로나 19보다 더 무서운 것은 그 전염병을 통해 맨탈이 약해졌다는 것이다.

> 그 피를 양을 먹을 집 좌우 문설주와 인방에 바르고, 내가 애굽 땅을 칠 때에 그 피가 너희가 사는 집에 있어서 너희를 위하여 표적이 될지라 내가 피를 볼 때에 너희를 넘어가리니 재앙이 너희에게 내려 멸하지 아니하리라 출애굽기 12장 7절, 13절

> 여호와께서 모세에게 이르시되 불뱀을 만들어 장대 위에 매달아라 물린 자마다 그것을 보면 살리라 모세가 놋뱀을 만들어 장대 위에 다니 뱀에게 물린 자가 놋뱀을 쳐다본즉 모두 살더라 민수기 21장 8, 9절

이스라엘의 백성들은 살기 위해서 여호와 하나님의 말씀대로 양을 잡아 그 피를 문설주와 인방에 발라 사는 역사가 일어났다. 뱀에게 물린 자마다 장대 위에 달린 놋뱀을 보고 살았다.

코로나 19는 성삼위 하나님의 살아 계심을 증거하고 있다. 코로나 19에서 치유받고 자유를 얻으려면 여러분의 심령에 예수

의 피를 바르라. 또 장대 위에 달리신 예수 그리스도를 바라보고 믿고 인정하라! 코로나 19를 믿지 말고 예수 그리스도를 믿어라!

코로나 19는 시간이 갈수록 약해지고, 사라지고 있는데 신문, 방송, 언론, 매체가 온 국민을 코로나 19로 최면을 걸어 놓았다. 그 최면에 붙들린 생각에서 빠져나와 '내가 아니요'를 적용하고 자유하라!

예수 그리스도께서 2천 년 전 가져가셨음을 100% 믿어라! 사는 역사가 일어난다. 아프면 내 손해다. 속지 마시기 바란다. 이미 치유받았음을 믿어라! 예수 그리스도께서 채찍에 맞음으로 이미 나음을 얻었다.

> 만일 내가 원하지 아니하는 그것을 하면 이를 행하는 자는 내가 아니요 내 속에 거하는 죄니라 로마서 7장 20절

> 그가 채찍에 맞음으로 너희는 나음을 얻었나니 베드로전서 2장 24하반절

코로나 19를 믿고 받아들여 고통하고 있다면 이제는 떨쳐버리고 예수 그리스도를 믿어라!

하나님의 말씀은 지나간 옛말이 아니다. 하나님의 말씀은 소설책이 아니다. 하나님의 말씀은 수시로 말을 바꾸는 인간의 말도 아니다.

> 하나님의 말씀은 살아 있고 활력이 있어 좌우에 날선 어떤 검보다도 예리

하여 혼과 영과 및 관절과 골수를 찔러 쪼개기까지 하며 또 마음의 생각과 뜻을 판단하나니 히브리서 4장 12절

우리의 연약한 것을 친히 담당하시고 병을 짊어지셨도다
마태복음 8장 17하반절

모든 질병을 예수님이 2천 년 전에 가져가셨다.

뎅기열(Dengue fever)

동남아시아 지역에서 토착화된 병이 세계의 열대 · 아열대 지방에 널리 퍼져 말라리아와 함께 대표적인 열대병으로 널리 알려져 있다. 뎅기열은 열대지방 중에서도 위생시설이 잘 갖추어져 말라리아가 거의 퇴치된 싱가포르나 오스트레일리아 북부에서도 종종 유행할 정도로 널리 퍼져 있다.

뎅기열(Dengue fever, 문화어: 뎅구열)은 모기가 매개가 되는 뎅기 바이러스(dengue virus)에 의해 발병하는 전염병이다. 강한 통증을 동반하기 때문에 영어로는 "break bone fever"라고도 부른다. 근육통, 관절통을 동반한 고열과 발진이 일어나는 것이 증세이며 경우에 따라 출혈이 일어나기도 한다. 말라리아나 황열병에 비해 사망률은 훨씬 낮으나, 특별한 예방주사나 치료제는 없다. 잠복 기간은 4일에서 7일이며, 발병 때는 오한을 동반한 갑작스런 고열이 3일 정도 37도 정도까지 올랐다가 하루 정도 39도 정도까지 상승하여 2일 정도 다시 짧게 해열되는 M자형 열형을 나타내는 경우가 많다. 그 밖에 두통, 안와(Orbit) 통

증, 근육통, 관절통이 나타난다. 식욕부진, 복통, 변비를 동반하는 경우도 있다. 발병후 3~4일 후에 가슴에서 비특이성의 발진이 나타나서, 사지와 안면에 퍼진다. 사지에 가려움증을 동반하는 경우가 많다. 이러한 증상은 보통 3~7일 정도로 소실 복구한다. 치사률은 0.01~0.03%이다. 출처:위키 백과사전

뎅기열은 또한 무서운 병이다. 지금 살고 있는 필리핀에서 잊어버릴 만하면 단톡방에 피를 구하는 광고가 뜬다. 몇 년 전에도 15세 청소년이 운명을 달리했다. 아주 가깝게 지내는 선교사님의 둘째 아들이 뎅기로 인하여 부모 형제를 뒤로 한 채 먼저 천국으로 갔다.

아내가 뎅기열로 죽을 고비를 넘긴 적이 있다. 뎅기열도 감기 증세처럼 시작한다. 오한을 동반한 고열과 마른기침, 서 있어도 앉아 있어도 붕 떠 있는 느낌, 특별한 약이 없고 의사의 말은 게토레이 음료를 마시라고 권장한다. 일주일 지나면서 붉은 좁쌀만한 크기의 발진이 온 피부를 빨갛게 덥고, 가렵기 시작한다. 괜찮다 싶었는데 하혈을 하였다. 낫는가 싶더니 남자들은 코의 출혈로 여자들은 하혈을 멈추지 못하여 죽는 병이다.

'내가 아니요'를 적용하였고, 이미 예수 그리스도께서 뎅기열을 2천 년 전에 가져 가셨음을 계속 믿게 하였고, 적용시켰다. 뎅기열 생각에서 빠져나오라고 계속 권면하였다. 그리고 안수기도를 해주었다.

"믿는 자에게 이런 표적이 따르리니 병든 자에게 손을 얹고

기도한즉 나으리라"

결국 아내가 살았다. 기침이 멈추었고, 오한과 고열이 정상으로 돌아왔고, 하혈이 멈추었다. 생각에서 자유, 마음에서 자유, 육신의 질병에서 자유하며 감사와 영광을 성삼위 하나님께 돌리라고 하였다.

현대인의 병

현대인들은 성경에도 없는 병들을 앓고 있다. 대표적으로 암, 당뇨, 고혈압, 편두통, 신부전증, 아토피, 우울증, 불면증, 공황증, 치매 등이다.

한편 현대인의 병은 생각만 분리시켜 주어도 치유받을 수 있다. 왜냐하면 생각으로 오는 병이기 때문이다. 사람마다 제각기 틀리겠지만, 어떤 사람은 살아오면서 받은 상처에 붙들려 살고, 어떤 사람은 질병으로, 어떤 사람은 부모로부터 물려받은 유전 때문에, 어떤 사람은 원치 않은 사고로, 어떤 사람은 사업 실패로, 어떤 사람은 자기 자신에 대한 불만족으로, 어떤 사람은 못된 성격으로 인하여 마음의 갈등을 가지고 살아가고 있다.

그런데 이런 모든 감정의 문제들을 자기 스스로 인정하며 고통하고 있다는 데 문제가 있다. 또한 이런 문제들을 하나 같이 무엇과 연관지어 나름대로 결론을 지어서 거기에 붙들려 있다는 것이다. 결국 이 모든 것이 속고 있음에도 불구하고 자기의 감정이라고 스스로 최면을 걸어 놓고 있다. 아프면 자기 자신만 손해라는 것을 명심하기 바란다.

그러기 때문에 그 생각에서 빠져나오지 못하면 고통받게 된다. 지금부터 이러한 사고, 정신에서 빠져나와 새로운 생각, 새로운 마음, 새로운 몸으로 건강한 삶을 살아야 한다. 순간 몸이 아프고, 마음이 힘들고, 누군가를 죽이고 싶고, 화가 치밀어 견딜 수 없을 때, 이러한 생각들을 차단해야 한다. 혹 이러한 생각이 들어왔더라도 '이 생각은 내가 아니지' 하고 생각을 분리시키면 그 자리에서 정신이 맑아지면서 마음에 평안이 찾아오고, 몸이 가벼워진다.

암

최근에 유전자를 통해 암이 정복되었다. 복제를 통하여 암은 서서히 사라질 것이다. 듣던 중 반가운 소리며, 특히 암으로 투병하는 환자들에게 희소식이 아닐 수 없다. 대한민국의 의학은 세계가 주목할 정도로 최고로 발전하고 있다. 그래서 작년보다는 금년, 금년보다는 내년, 나날이 급성장하고 있으며 그만큼 사람의 수명도 100세에서 120세로 늘어나는 추세다. 하나님의 말씀 이사야 65장 20절을 읽어보자.

> 거기는 날 수가 많지 못하여 죽는 어린이와 수한이 차지 못한 노인이 다시는 없을 것이라 곧 백 세에 죽는 자를 젊은이라 하겠고 백 세가 못되어 죽는 자는 저주 받은 자이리라 이사야 65장 20절

그럼에도 불구하고 필자는 환자의 생각 속에 암이라는 단어

가 지워지지 않는 이상 절대 치료될 수 없다고 결론을 짓는다. 항생제가 투입되고, 최첨단의 과학과 의학이 발달되고 암을 정복한다고 떠들면서 희귀한 약이 등장할지라도 암은 정복할 수 없다고 다시금 경고하고 싶다. 암을 약으로, 의술로 치료하기 전에 반드시 선행되어야 할 것이 있다는 말이다. 암이라는 최면에 걸린 환자의 생각 속에 암이라는 단어를 지워야 한다.

의사의 위암이라는 소리에

모태신앙인인 그는 예수님을 믿는 신앙인으로서 출세를 위하여 BUYER들과 매일 저녁 술자리를 하였다. 그 이후로 위경련을 일으키며 괴로워했다. 그래서 국산 위장약을 복용하다가 나중에는 좋다는 외제 위장약을 찾아서 먹었지만 낫지 않았다. 결국 개인 병원을 찾아가 진료도 받고, 주기적으로 처방전에 명시된 대로 따랐다.

그러나 어느 날 더 심해진 위경련 때문에 대학 병원에서 조직 검사를 받았는데 상태가 안 좋다는 것이었다. 빠듯한 직장 생활에 쫓기는 그는 병원에 입원해야 했다. CT촬영을 하였고, 내시경을 마친 후 다시 직장 생활을 하면서 초조한 마음으로 최종적 검진 결과만을 기다려야 했다.

일주일 후에 검진 결과를 보기 위해 병원으로 무거운 발걸음을 옮기면서도 '혹시 위암은 아닐까?' 하는 50대 50의 불안과 희망을 가지고 담당과장을 만났다. 결국 의사의 위암이라는 소리에 자기 귀를 의심할 수밖에 없었다. 위암이라는 소리에 50%의 기대감이 와르르 무너졌다. 그나마 남아 있던 희망이 의사가 던진 암이라는 말에 정복당한 것이다. 결국 그는 위암이라는 한 마디에 최면에 걸렸고 암 환자가 되었다. 병 주고 약 준다는 말이 이를 두고 한 말이 아닌가 싶다.

이제부터는 의사가 처방하는 대로 살아야 했다. 그의 생명은 의사의 말 한마디와 손에 달려 있다. 뿐만 아니라 가족들에게도 엄청난 시련이 찾아왔다. 지인을 통해 나와 상담을 하였고, 결국 '하나님과 관계없이 받는 고통들'이란 것을 알았으며, 엄청난 후회를 하면서 회개를 하였다. 암이라는 단어가 환자의 생각 속에서 삭제되지 않는 한 아무리 좋은 약, 특효약이 나온다 하더라도 암은 치료할 수 없다는 것을 상담을 통해 알게 하였다. 결국 환자에게만 그 무거운 짐을 가중시킬 뿐이다.

얼마 전 고려대 보건대학원 최교수 팀의 연구 결과에 따르면 혈액형에 따라 암의 발병률에 차이가 생길 수 있다는 결과보고서가 나왔다고 한다.

그러나 "일부 암에서 혈액형에 따라 발생이 다르다는 것은 외국에서도 알려져 있으나, 구체적인 생물학적 메커니즘은 아직 충분히 밝혀져 있지 않다."라고 발표했다고 한다. 그렇다. 속지 말기를 바란다. 의사가 암이라고 말해도 생각이나 마음속에 깊이 저장하지 말고, 붙들리지 말기를 바란다. 그 말을 믿고 인정하면 자신만 손해다. 암을 아주 작은 병으로 생각하기길 바란다.

사실 암으로 죽는 환자들은 대부분 암보다도 더 무서운 다른 병으로 죽는다. 그 다른 병은 생각과 마음의 병이다. 의사의 암이라는 진단에 붙들려 기운 차리지 못하고 죽는다는 것이다. 계속해서 지적한다. 육신적인 암이지 정신적 암이 아니다. 대부분 몸의 암보다도 정신, 즉 생각과 마음으로 먼저 받아들이기 때문에 심각한다. 좋다. 의사의 진단이 그렇다할지라도 내가 예수님을 믿는 신앙인이라면 바로 예수님을 생각하고, 이것도 2천 년 전에 가져가셨음을 인정하고, 담대함을 가져라. 그러면 한결 좋아진다. 그러면 치료도 급속도로 빠르게 진행될 뿐만 아니라 병원에서 치료하는 모든 의술 그리고 약들이 좋은 치료제가 되며, 웃으면서 받은 치료로 쉽게 완치할 수 있다.

또한 대부분 사람들이 어디가 좀 아프다 생각되면 '혹시 암이 아닐까?' 하고 지레 짐작하는 생각에 치우칠 수 있다. 그러나 속지 마라. 암은 스스로 개개인 생각으로 들어오기 때문에 생각을 차단해야 한다.

마귀가 벌써 시몬의 아들 가룟 유다의 마음에 예수를 팔려는 생각을 넣었더라 요한복음 13장 2절

바꾸어 말하면 모든 질병은 생각을 타고 들어온다. 이 생각들을 각 개인의 생각으로 착각하고 심한 병에 들려 괴로워하는 것이다. 암이라는 생각을 붙들고 있는 한 암은 치료되지 않는다. 끝으로 전 세계는 암을 예방하고, 치료하기 위하여 막대한 돈과 자원을 쏟아 붓고 있다. 그러나 제자리걸음을 하고 있을 뿐이다. 암이 정복되는 날이 온다고 가정해 보자. 그러나 거기에 못지않

은 병이 또 출몰할 것이다. 중요한 것은 모든 병을 자연스럽게 받아들이는 것이다. 그 다음은 의사들이 처방하는 처방전에 따라 치료를 받되 생각에 자리 잡고 있는 "암"이라는 단어도 예수의 이름으로 삭제하면 급속도록 영육이 치유받을 수 있다.

그가 채찍에 맞음으로 너희는 나음을 얻었나니 베드로전서 2장 24절

우울증

우울증은 마음의 상처에서 오는 병이다. 정신과 치료와 심리적 상담으로는 단순한 치료는 할 수 있으나, 마음의 상처는 치료할 수 없다. 마음의 상처를 싸매주기 위해서는 그 원인을 알아야 하고 언제부터 시작되었고, 누적되었는지 파악해야 한다.

우울증은 교회에 다니는 신앙인에게도 많이 볼 수 있다. 그렇다면 왜 이런 증세가 나타나 사람을 괴롭히는 것일까? 예수님은 잘 안 믿으면서 우울증은 잘 인정하고 믿기 때문이다. 결국 '하나님과 관계없이 받는 고통들'인 것이다.

우울증의 그 배후에는 귀신의 역사가 있다. 결국 사람들이 우울증을 자기 자신이라 믿고 인정하기 때문에 고통받는 것이다. 그래서 귀신의 정체를 알려주고, 우울 증세에서 빠져나올 수 있도록 믿음을 심어주어야 한다. 귀신은 우리가 생각하는 것처럼 전설의 고향에서 나오는 혐오감을 주는 형체가 아니다.

귀신은 무서운 존재가 아니다. 아주 연약한 존재다. 자꾸만 무속적 귀신을 은연중에 심어놓았기 때문에 무섭고 두려운 존

하나님과 관계없이 받는 고통들

재로만 본다. 혹, 지금 집안에 우울증 걸린 자가 있는가? 그러면 환자를 보호하는 차원에서 속지 말도록 생각을 분리시켜 주고, 스스로 빠져 나오도록 긍정적인 말을 해주어야 한다. 이미 예수 그리스도가 우울증을 가져가셨다고 확신을 시켜주어야 한다.

최근에 우울증으로 자살하는 사람들이 많다. 정말 안타깝다. 가슴 아파하는 가족들에게 심심한 애도를 표한다. 한편 이 악한 더러운 귀신들을 저주한다. 예수 그리스도를 모르는 우울증 환자도 치유받을 수 있다. 그러기 위해서는 귀신의 정체를 가르쳐 주어야 한다. 그 생각에서 빠져나오도록 보호자들이 사랑과 관심을 가지고 도와주어야 한다.

'그렇다면 혹시 우울증 환자들은 귀신들린 것인가!' 하고 의구심을 가지는 분도 계실 것이다.

나는 이 시간까지 하나님의 말씀을 가지고, 상담을 통하여 여러 종류의 귀신들을 예수의 이름으로 쫓아냈다. 그러나 우울증은 귀신들린 것이 아니라 귀신의 장난에 속은 것이기에 그 생각만 분리시켜주면 장난하는 귀신은 도망가게 되어 있다.

현대인들의 생각 속에서 우울증이라는 바이러스를 삭제하는 그날까지 나는 예수라는 이름인 백신으로 잡아낼 것이다. 우울한 생각에서 깨어나 예수님을 구세주로 영접하십시오! 정신이 맑아지면서 점점 좋아져 깨끗이 치유될 것이다.

덧붙여 최근에 수도권 지역 집값 폭등사태는 국민들에게 정신적인 스트레스를 주었다. 스트레스는 고민을 가져왔고, 두통과 불면증과 함께 근로 의욕을 떨어뜨리는 증상을 만들었습니다. 그러나 이럴수록 정신 차리고 마음을 담대하게 하여야 한다. 아프면 자기 자신만 손해다. 우리는 속지 말아야 한다.

물질의 염려도, 심적인 부담도 떨쳐버리고 바로 예수님을 생각하라.

당뇨병

뉴스에 따르면 현재 전 세계 당뇨병 환자는 모두 2억 4천 600만 명으로, 지난 20년 동안 7배나 증가한 것으로 나타났다. 국제당뇨연맹은 남아프리카공화국 케이프타운에서 열린 학술대회 발표 자료에서 이같이 밝히고, 앞으로 약 20년 후인 2025년에는 당뇨병 환자가 지금보다 55% 증가한 3억 8천만 명에 이를 것이라고 했다. 이 같은 수치는 기존에 알려진 전 세계 당뇨병 환자 2억 3천만 명에 비해 천 600만 명이 더 많은 것이며, 당뇨병 환자 증가율이 점점 늘고 있어서 사회적 문제가 되고 있다.

당뇨병이란 소변으로 당이 빠져나오는 것으로, 즉 소변 맛이 단 질환이다. 당뇨병의 증상은 다음(多飮), 다식(多食), 다뇨(多尿)다.

즉, 목이 말라 물을 많이 마시고, 먹어도 자꾸 배고파서 또 먹게 되고, 소변을 많이 보게 되는 증상을 말한다. 이와 더불어 피로, 권태, 시력장애, 성욕감퇴, 체중감소 등이 현저하게 나타난다. 그 외에도 외음부의 소양감을 일으키기도 하며 신경통, 백내장, 폐결핵 등을 일으키기 쉽다. 그래서 당뇨 그 자체도 문제이지만 합병증이 더 무서운 병으로 알려져 있다.

아는 것이 병이라는 말도 있다. 즉, 모르는 것이 약이 된다. 우리나라 사람들은 건강에 대하여 매우 민감하게 반응을 한다. 그러다 보니 갖가지 질병도 함께 덩달아 붙어 다닌다.

얼마 전만 해도 당뇨는 병 측에도 끼지 못했는데 이제는 난치병이라고 한다. 그래서 당뇨로 고생하다 보면 합병증까지 겹쳐서 실명할 수 있고, 손가락 발가락도 잘라내어야 한다고 떠들어댄다.

당뇨 환자들은 말은 그렇게 하면서도 당뇨를 즐기고 있다. 얼마 전 당뇨에 걸린 목사가 약을 복용하는 걸 보니 약의 색깔과 크기 모양 등이 제각각인 것이 제법 양이 많아 보였다. 사람이 약을 먹는 것인지, 약이 사람을 먹는 것인지 이해되지 않았다. 필자도 오랫동안 투병생활하였을 당시 많은 약을 복용하였던 장본인이다. 그러나 지금은 약에서 자유를 얻어 건강하게 잘 살고 있다.

여하튼 한국 크리스천들은 건강도 잘 챙기지만 약도 잘 챙긴다. 이렇듯 당뇨를 비롯하여 각종 질병은 잘 믿으면서도 살아 계신 하나님의 말씀을 소홀히 하였기에 고통을 당하는 것이다. 거듭 말하지만, 당뇨라는 생각에서 먼저 빠져나와야 치료가 된다. 당뇨라고 최면 걸린 상태에서 어떻게 당뇨가 치료되기를 기대하겠는가! 당뇨라고 인정하는 그 순간부터 몸이 급속도로 나빠지는 것을 누구보다도 당사자들이 더 잘 알고 있다. 그러나 이제부터라도 속지 마라. 당뇨라고 진단이 나왔더라도 이것조차도 예수님이 2천 년 전에 가져가셨음을 고백하면서 적용하라. 그리하면 빠른 시일에 당뇨는 사라지고 건강을 회복하게 될 것이다.

예수께서 우리의 연약함을 친히 담당하시고 모든 질병을 짊어지셨다. 이 말씀을 믿기만 하면 당뇨든 고혈압이든 모든 질병에서 깨끗함을 받는다.

편두통

편두통하면 어른들의 병이라고 생각하는데 어린이도 예외가 아니다. 꾀병으로 생각하고 방치했다가는 학습장애를 유발할 수 있기 때문에 조기발견이 중요하다. 특히 편두통은 모계 영향이 크다고 한다. 편두통을 앓는 어린이의 어머니 중 78%가 두통 병력이 있다는 것이다.(KBS뉴스 제공)

예수 그리스도를 알지 못하는 의사들은 대부분 모든 병의 시초가 유전에 기인한다고 말한다. 그런데 엄밀히 따져보면 의사의 말이 병보다 더 무섭다. 결국 물려받은 것이라 고치지 못하니 병을 끌어안고 살아가라는 말이 되지 않겠는가!

과연 모든 병이 유전일까? 연구적으로 내뱉는 의사의 말 한마디가 더더욱 병을 심각하게 만들 수 있다. 부산에서 한 가정을 방문하여 상담한 적이 있었다. 초등학교 3학년 아이가 밤낮으로 편두통으로 고생을 하였다. 아이 말을 들은 즉 방과 후에 피아노학원, 속셈학원, 태권도 도장을 다니고, 저녁에는 과외 선생님이 1시간 동안 숙제를 검토해 주고, 공부를 한다고 한다. 매일 반복되는 일과 속에서 아이가 먹지 말아야 할 편두통 약을 복용하고 있었다. 정말 끔찍한 일이다.

이러한 스파르타식 교육을 통해 얻어진 편두통을 모계 영향

하나님과 관계없이 받는 고통들

또는 유전이라 한다면 치료될 병은 하나도 없을 것이다. 우리는 모계 영향 그리고 유전이라는 말로 최면 걸지 말아야 한다. 환자나 보호자는 아무 힘이 없다. 의사가 그렇다면 그렇고, 안 그렇다고 하면 안 그렇다고 믿을 뿐이다.

그러므로 의사는 그저 유전 때문이라고 전가하기보다는 예방과 그에 따른 처방을 하여 환자와 보호자를 도와야 할 것이다. 유전에는 약이 없다. 편두통으로 아프고, 쑤실 때에 치유자이신 예수님을 생각하고 바로 믿어야 한다. 그러면 다른 병과 마찬가지로 깨끗이 치유된다.

자살

OECD 국가 중 자살률이 1위를 차지할 정도로 한국은 자살 문제가 갈수록 심각해지고 있다. 하지만 자살이나 죽음에 대한 체계적인 교육이나 적절한 예방 대책이 크게 부족한 것이 우리의 현실이다. 경제적 · 사회적 상황의 악화로 인한 자살 충동 자가 날로 확산되고 있는 가운데 전문가들은 자살하려는 사람들에게 교육과 심리치료를 통해 예방이 가능하다는 의견을 제시하고 있다.

한림대 생사학연구소가 주최한 '자살충동, 어떻게 예방할 것인가'라는 주제의 세미나에서 한림대 생사학연구소 오 소장은 자살 사례나 자살 충동자를 대상으로 조사한 결과를 토대로 자살의 원인을 '개인적 동기', '사회적 문제', '자살과 죽음에 대한 오해' 이상 세 가지로 꼽았다. 이러한 가운데 자살과 죽음에 대한 오해를 풀어주는 것만으로도 자살 예방에 큰 효과를 얻을 수 있다고 한다.

최근 잇따른 연예인들의 자살은 공포를 가중시키고 있는데, 젊은이들의 자살은 순간의 고통을 모면하기 위해 선택하지만, 많은 사람들에게 커다란 슬픔과 아픔을 준다는 점에서 반드시 없어야 할 일이다.

우리는 무엇보다도 자살은 마귀가 제일 좋아하는 기호품임을 알아야 한다. 인간은 자기 스스로의 감정인 줄 알고 귀신에게 속아서 목숨을 끊는다. 자살 충동 배후에는 귀신이 있다. 여기서 말하는 귀신은 사람들이 인위적으로 만들어 놓은 전설의 고향에서 등장하는 귀신이나 트라큐라, 강시 등을 말하는 것이 아니다. 자살이 곧 자기 생각이라고 인정하기 때문에 죽는다. 자기만 생각하고, 자기에 도취되어 죽는다. 한마디로 이 악랄한 귀신이 자살하도록 자살 주사를 놔버리면 그 다음은 죽는다. 특히 예수님을 믿는 연예인들의 자살은 큰 충격이 아닐 수 없다.

자살의 원인은 자기 자신이 너무 강하든지 아니면 너무 약해서 선택한다. 결국 개인주의에 편애되어서 죽는다. 자살은 귀신에게 속아 가족도, 친구도, 기획사도, 펜들도, 모두를 망각하고 나는 혼자라는 생각에 목숨을 끊는 것이다. 결국 '하나님과 관계없이 받는 고통들'을 당한 것이다.

저혈압, 관절, 불면증

이분은 51세 된 여 집사이다. 저혈압, 관절, 불면증으로 고생하고 있다. 매일 약을 밥 먹듯이 복용하고 있다. 약을 먹어도 그

때 뿐인 것을 알지만 그 순간을 모면하기 위해 죽지 못해 살고 있다. 예수님을 믿는다는 것 때문에 천국 간다는 소망으로 살고 있지만 정말 힘들어서 겨우겨우 살고 있다. 그러다가 친구를 통해 나를 만나서 상담을 하였다. 나는 대뜸 말했다.

"질병은 잘 믿으면서 예수님을 잘 안 믿고 살았네요? 그게 바로 하나님도 모르는 질병입니다. 다시 말해서 '하나님과 관계없이 받는 고통들'입니다. 집사님은 하나님을 누구라 부르세요."
"하…나…님 아니세요."
"틀렸습니다. 하나님은 집사님의 아버지세요."
"예수님은 집사님의 누구세요?"
"여호와???"
"아닙니다, 집사님의 구세주이십니다. 성령님은 어디 계신가요? 바로 제 마음 속에 집사님 마음속에 계시기 때문에 하나님을 아버지, 예수님을 구세주로 시인하는 것입니다. 그래서 지금 죽어도 천국 갈 수 있습니다. 이미 집사님의 모든 질병도 다 사라졌습니다. 이미 2천 년 전에 예수 그리스도께서 가져가셨어요. 100% 믿으시면 지금 자유를 얻습니다."

순간 집사님은 놀라 소리 내어 울기 시작했다.

"하나도 안 아파요. 그렇게 통증으로 고통스러웠는데… 지금은 괜찮습니다. 성삼위 하나님께 영광을 돌립니다."

자궁종양과 갑상선

이분은 부산에서 살고 있는 감리교 교회 사모다. 자궁종양과 갑상선으로 고통하며 살고 있다. 기도원에 올라가 금식기도도 하고, 은사자에게 안수도 받고, 작정기도도 하면서 울며불며 살려달라고 매달리고 있다. 결국 수술을 하였고, 지금도 여러 가지로 갈등하며 사모의 사명을 감당하고 있다.

한편 평생을 주를 위해 헌신하며, 사모까지 되어서 목회하시는 남편 목사님을 도와 죽도록 충성하였는데, 너무 억울하다는 생각이 들었지만, 분명한 것은 하나님이 치유해주실 것을 믿고 있었다.

"사모님! 질병으로 고통당하는 것도 억울한데, 질병으로 하나님을 원망하고 있어요. 그것이 바로 '하나님과 관계없이 받는 고통들'입니다. 왜! 여러 가지 질병은 잘 믿으면서 예수의 이름의 권세를 안 믿나요? 저도 오래전에 서울대학병원에서 질병으로 사형선고 받은 사람입니다. 그 질병이 나라고 믿고, 인정하고, 사단으로부터 받은 가시인 줄만 알았습니다.

그래서 저도 울면서, 고통하면서 신앙생활을 하였습니다. 결국 이게 내가 아니고 '하나님과 관계없이 받는 고통들'인 것을 알았습니다. 2천 년 전에 예수 그리스도께서 나의 저주, 질병을 가져가셨음을 100% 믿음으로 치유함을 받았습니다. 사모님! 제가 몇 가지 묻겠습니다. 하나님을 누구라 부르시죠?"

"아버지요."

"네. 맞습니다."

"예수님은 나의 누구시죠?"

"하나님이시죠."

"틀렸습니다. 예수님은 사모님의 구세주이십니다. 맞지요?"

사모님은 갑자기 눈물을 글썽이면서 울기 시작했다.

"성령님은 지금 내 안에 사모님 안에 계십니다. 사모님은 그동안 혼자 살아왔습니다. 사모님이 갑상선, 자궁종양 질병으로 울면서 교회를 섬기고 원망하기도 했던 것들을 예수님이 다 2천년 전에 가져가셨습니다. 그러면 질병이 어디에 있나요? 지금 있습니까? 예수님이 이미 다 가져가셨는데… 어디 있습니까?"

"목사님의 말씀대로 예수님이 다 가져가셨어요!"

순간 사모님은 벌떡 일어나 덩실덩실 춤을 추었다. "할렐루야!!!" 하면서 "자유를 얻었습니다."라고 외쳤다.

원죄와 자범죄 그리고 지옥과 질병

30년 가까이 한 교회를 섬기는 권사다. 원죄 때문에 지옥 가는지, 현재 짓고 있는 죄 때문에 지옥 가는지 늘 불안을 떨치지 못하고 열심을 내어 교회를 위하여 봉사하고 있다. 게다가 심장도 안 좋아 작은 소리에도 놀라고, 가슴에서 눌리는 듯한 통증으로 양약과 한약을 복용했으나 소용이 없었다. 그러다 보니 불면증과 우울증까지 겹쳐 밤새 잠을 못 자고 있었다.

"권사님! 지옥은 지금 짓고 있는 죄 때문에 지옥 가는 것이 아니라 성경에서 말씀하는 원죄 때문에 지옥 가도록 우리는 엄마 뱃속에서부터 죄인되었습니다. 원죄가 사함 받으면, 지금 살면서 짓는 죄는 보너스로 사함을 받습니다. 예수님께서 이 땅에 오신 목적은 원죄로 말미암아 죽어 버린 우리를 구원하시려 말씀이 육신이 되어 오셔서 십자가에서 모진 고난과 고통을 당하시고 돌아가신지 삼일 만에 부활하시어 승천하시고, 지금은 성령님을 우리 가운데 보내주셨기 때문에 예수님을 믿기만 하면 죄 사함 받고, 질병이 치유되고, 살리는 영으로 우리를 자유케 하십니다. 권사님의 불면증과 우울증은 이미 치유되었습니다. 예수님이 이미 2천 년 전에 가져가셨습니다. 불면증과 우울증을 인정하고 믿어서 고통했으니… 지금은 생각과 마음을 바꾸어서 예수님을 믿으세요. 불면증과 우울증이 낫기 위하여 나, 서 목사와 상담하고 계시니 속히 불면증과 우울증 생각에서 빠져나와 믿음으로 치유받으세요. 안 믿으면 '하나님과 관계없이 받는 고통들'을 겪게 되는 것입니다."

권사님의 얼굴이 환해지시면서 감사하다고 하셨다.

억척 순이 집사

오십견으로 진통이 심하여 어깨를 올리지 못하고 살아가는 여 집사다. 남편이 장애인이라 남자처럼 열심히 일을 하여 먹고 살고 있다. 트럭운전도 하고 닥치는 대로 일을 한다. 어느 날부터 자고 일어났는데 오른쪽 어깨가 너무 아파서 침도 맞고 정형외과도 찾아가서 물리치료도 받고 하였지만 일하는 순간에 한 번씩 통증이 오면 많이 힘들다고 했다.

"집사님! 어느 쪽 어깨지요?"

"오른쪽입니다."

"오른쪽 어깨와 팔 전체를 올려보세요."

"통증 때문에 아파서 못 올립니다."

"집사님은 어깨 통증이 닥치는 대로 힘든 일을 하여서 아픈 것이라는 생각에 꽉 붙들려서 정형외과, 한의원 등에 가도 치료가 안 되는 것입니다. 생각해 보세요. 집사님 생각에서 어깨 통증을 붙들고 있는데 그게 치유되겠습니까? 그것이 '하나님과 관계없이 받는 고통들'입니다. 지금도 나를 통해 상담 받고 있는데도 트럭 운전을 하고 있으니… 장애인 남편으로부터 오는 정신적 부담도 있고… 지금이라도 좋으니 트럭 운전, 남편 다 내려놓고 자유하세요. 지금 다 내려놓으시면 어깨 통증 사라집니다.

앞 시간에 사모님, 권사님 상담하는 것 다 들으셨잖아요. 이미 예수님께서 집사님의 어깨 통증을 2천 년 전에 가져가셨어요. 그럼 통증이 있어요? 없어요? 자 어깨와 팔 전체를 들어 보세요."

"목사님! 많이 부드러워졌어요."

"자, 알았으니 100% 믿고 믿음으로 억척스럽게 그동안 깡다구로 살아왔으니 깡다구로 확 올려보세요."

집사님은 에라 모르겠다는 담대함으로 팔을 올렸다. 박수 소리가 여기저기에서 들렸다.

정신분열증세

가만히 있다가 갑자기 정신분열증으로 고통하는 여 집사다. 때로는 심장이 조여드는 듯한 통증으로 아파하고 있었다. 3개월 전 외동딸 아이가 부산 앞 바다에 시신으로 발견되어 연락이 왔다고 한다. 하늘이 무너졌을 것이다. 앞이 안 보이고 아무 소리도 안 들리고⋯ 그만 바닥에 털썩 주저앉았다고 한다. 결국 1개월 전 죽은 아이를 화장하고 기도원에 들어온 지 1개월이 넘어가고 있었다. 정말 살기가 싫어졌다 한다. 내가 얼마나 사랑하며 애지중지 키웠는데⋯ 하나님도 무심하지요! 잊으려 해도 잊지 못하는 아픔을 안고 날이 갈수록 자기 자신이 무너져가는 것을 느낀다고 한다.

"집사님! 그동안 고생하셨습니다. 성령님께서 말씀하시네요. 딸을 먼저 보내고 얼마나 상심이 크시겠습니까? 자! 집사님 제 말을 잘 들으세요. 따님이 죽은 것도 억울한데 집사님까지 마음 빼앗겨서 고통하고 있으면 누가 손해입니까? 딸의 죽음을 통해 하나님을 원망하는 것이 가장 큰 문제입니다. 옛말에 자식이 먼저 죽으면 엄마 가슴에 묻는다고 합니다.

그런데 이 말은 불자들과 미신과 타 종교에서 하는 말입니다. 결국 이 말 자체가 가장 무서운 귀신의 속삭임입니다. 앞서도 말씀드렸지만 딸아이가 죽은 것도 억울한데 엄마 가슴속에 묻었다 하는 것은 아예 다 죽자는 말입니다.

2014년 4월 16일 세월호 사건이 터졌고 많은 학생들이 죽었습니다. 자식을 잃은 부모의 심정이 어떻겠습니까? 지금도 바다 속에 잠겨 죽은 아이들이 엄마, 아빠 가슴속에 묻혀서 이 세상을 떠나지 못하고 있어 죽은 아이는 아이대로 불쌍하고, 부모들은 가슴을 치면서 찢어지는 아픔을 가지고 떠나보내지 못하고 있습니다. 이들은 기독교인이 아니기 때문에 그렇다 치고, 집사님은 예수님을 믿는 분이시고, 교회를 섬기고 신앙을 갖고 있는 분이시기에 그래도 기도원까지 오셔서 금식하며, 땡강 부리는 기도를 하지만 아직도 딸아이를 잊지 못한 체 가슴에 묻고 있다면 이것이야말로 '하나님과 관계없이 받는 고통들'입니다.

집사님! 따님 죽은 것도 억울한데… 빨리 그 마음속에서 놓아주세요. 그래야 엄마도 살고, 남아 있는 가족이 다 살 수 있으며 먼저 간 따님도 삽니다. 이미 따님은 천국으로 입성해서 거기서 엄마를 기다릴 것입니다. 예수님을 잘 믿는 딸이 남자 친구를 잘못 만나서 희생당했으니… 자! 제 눈을 보세요. 제가 묻습니다. 하나님을 누구라 부르십니까?"

"아버지."

"네, 맞습니다. 집사님! 눈물 뚝 고정하시고, 한 번만 더 묻습니다. 예수님은 집사님의 누구시죠?"

"하나님이십니다."

"틀렸어요."

"예수님은 바로 집사님의 구세주십니다."

"맞아요! 목사님! 그분이 나의 구세주이십니다."

"그럼 성령님은 어디 계신가요?"

"제 마음속에 계십니다."

"맞습니다. 맞아요! 지금 마음이 어떻습니까?"

"목사님! 마음이 홀가분해졌어요. 무엇인가 계속 빠져나가고 있습니다. 머리가 시원해졌습니다. 감사합니다. 지금 방안이 깨끗하게 보입니다. 하나님 아버지께 영광 돌립니다."

몸종으로 간 시집살이

모태신앙인으로 교회 집사다. 유교와 불교 그리고 봉건주의 사상으로 찌든 집으로 시집을 갔다고 한다. 집사님은 시집을 가자마자 몸종으로 살아야만 했었다. 남편의 가부장적인 것과 봉건주의적인 것과 유교적이었기 때문에 남편의 몸종이 되어 버린 것이다. 남편은 가정의 왕이요, 자기 멋대로 사는 위인이라 한다. 그래서인지 언제부터인가 남편만 보면 괜히 주눅 들어 있는 자신을 바라보곤 한다고 한다. 예배드리는 중에도 남편이 생각나면 머리가 띵하고 힘이 쭉 빠져 버린다고 한다. 분명히 내 문제라고 생각은 하는데 고통하며 살고 있었다.

"집사님은 정말 '하나님과 관계없이 받는 고통들'로 살아가시는군요. 먼저 집사님 마음속에 자리 잡고 있는 시집살이를 청산해야 합니다. 유교, 불교, 봉건주의로 찌든 가정으로 시집 온 것도 억울한데 아예 마음과 생각까지도 장악당해서 사시는군요. 시댁 분들이 문제가 있는 것이 아니라 집사님 본인이 문제입니다. 그들은 집사님이 어떻게 되든 상관없이 그들의 인생을 잘 살고 있습니다. 특히 남편 되시는 분은 더더욱 자기 인생을 잘 살

하나님과 관계없이 받는 고통들

고 있습니다.

집사님은 예수님을 믿는 분이요, 기도하시는 분이신데 자기 인생도 못 살면서도 교회에서 예배드리는 중에도 남편을 마음과 생각 속에 같이 데리고 다니니 얼마나 힘들겠습니까? 성령충만해도 모자랄 판인데 남편 생각에 머리가 띵하고 힘이 쭉 빠지는 삶을 살아가니… 집사님은 정말 마음을 찢고 회개해야 합니다. 귀신의 속삼임은 잘 들으면서 왜! 성령님의 소리를 못 들으시나요?"

집사님은 "꺼억꺼억" 소리 내며 울기 시작했다. 그리고 가슴을 치며, 옷을 뜯으며 "제가 잘못했어요. 제가 몹쓸 년입니다." 하며 울면서 기도했다. 얼마쯤 시간이 흐른 후 "목사님 제 마음이 많이 평안해졌습니다. 이제 살았습니다."라고 고백했다.

개척교회 전도사

기관지가 안 좋아 항상 기침을 하고 알레르기 비염으로 휴지를 아예 코 밑에다가 달고 살아가는 여 전도사다. 반지하를 얻어 개척교회를 하면서 얻은 질병이다. 성도들이 자신한테 기도받으면 다 치유를 받고 좋아한다고 한다. 그런데 전도사님은 오히려 성도들에게 덕이 안 되고 있었다. 병원에서 조제받은 약을 복용하지만 그때뿐이고 많이 힘들어 한다.

"전도사님! 하나님을 누구라 부르시죠?"
"저~ 하나님 아니십니까?"

"전도사님, 저한테 도리어 묻지 마시고 하나님을 누구라 부르시죠?"

"여호와, 전능하신 하나님, 하나님 아버지."

"예. 맞습니다. 하나님은 전도사님의 아버지이십니다."

순간 전도사님 눈가에 눈물이 글썽글썽해졌다.

"목사님! 하나님은 내 아버지신데 정말 모르고 살아왔나 봐요."

"맞아요! 이게 다 '하나님과 관계없이 받는 고통들'입니다. 예수님은 전도사님의 누구시죠?"

"구원자."

"네, 맞습니다. 구세주라 부르죠."

"성령님은 어디 계신가요?"

"제 마음속에 계십니다."

"맞습니다. 제 안에 계시고 전도사님 안에 계십니다. 개척교회를 하시면서 얻은 질병이라고 하셨는데… 제가 듣기에는 원망에 소리로 들리네요. 전도사님은 무조건 감사하시며 사시기를 바랍니다. 이래도 감사, 저래도 감사하면 됩니다. 무슨 병이든 연관시키면 그 병이 아예 몸속에서 자리를 잡습니다. 개척교회를 하고 비염으로 콧물이 흐르는 것은 아무 상관이 없습니다. 약해진 기관지와 비염이 있다는 것을 누가 가르쳐 주었나요?"

"약국에서 약사님이 가르쳐주었습니다."

"결국 약사로부터 병 받고 약 받고 했네요. 괜찮습니다."

전도사님의 약해진 기관지와 비염을 치유하기 위하여 더 대화를 나누었다.

"자, 여기 제 손수건이 있습니다. 기관지로 인한 기침, 비염으로 인한 콧물, 개척교회하시면서 힘들었던 것들이 다 이 손수건 안에 있습니다. 그런데 예수님이 전도사님을 사랑하시기 때문에 2천 년 전에 다 가져 가셨습니다. 그럼 약해진 기관지와 비염, 원망, 불평들이 있을까요? 없을까요?"

"예! 목사님. 예수님이 다 가져가셨어요. 할렐루야 아멘! 감사합니다."

관절염과 편두통

2박 3일 동안의 말씀 집회 강사로 초청받아 부산에 갔었다. 예배 후 한 여 성도가 상담을 청했다. 아홉 살 난 남자 어린이가 염색체 이상으로 저능아이며, 말을 하려면 혀가 말려 들어가 말도 못하고 대소변을 바지에다 배설한다고 안타까워했다. 아기가 태어난 후에 한 달 만에 품에 안았다 한다. 여 성도는 다음과 같이 간증했다.

"저는 모태 신앙을 가진 사람입니다. 직장생활을 하다가 남편을 만나서 결혼했습니다. 결혼 조건은 예수님을 믿고, 저를 따라서 신앙생활을 하는 것이었습니다. 그런데 살아가다 보니 저도 시어머니 성화에 못 이겨 교회에 가기보다는 절을 찾았습니다. 시어머니가 불자이시기에 아기를 임신한 상태에서 절에 가서 불공을 드려야 했습니다. 그러나 저는 불상 앞에서도 하나님을 마음속으로 찾았습니다. 아기를 낳은 후 저의 슬픔과 고통은 이루 말할 수 없었고, 고통뿐이었습니다. 이것이 하나님의 저주라고 생각했었고, 하나님을 원망하였습니다. 한 번은 아기와 함께 죽어야겠다고 결심도 했습니다.

그러던 중 친정어머니의 권유로 교회에 나가 밤낮으로 회개하면서 기도로 매달렸습니다. 조금씩 제 마음이 변하기 시작했습니다. 하나님께서 아이의 병을 고쳐주실 것이라 믿었습니다. 그러면서 제 자신이 불쌍하게 느껴졌습니다. 남편은 남편대로 괴로운지 술에 취해 집에 들어오기가 일쑤였습니다. 아이가 자라자 특수학교에 입학시키고 학비라도 벌고자 일을 하였습니다. 늘 제 마음 한구석에는 아이로 인한 불안함이 자리 잡고 있었습니다. 몸은 지쳤고, 관절이 쑤시는 고통과 편두통으로 인해 눈물 흘리며 살았습니다. 결혼 전 복막염으로 수술을 하였었고, 첫째와 둘째를 제왕절개하여 낳았습니다. 그리고 허리가 끊어지듯이 아파서 때로는 앉지도 서지도 못해 힘들었으며, 정신적으로 육체적으로 성한 곳이 없이 살았습니다.

게다가 얼마 전 남편이 주식에 손을 댔다가 남은 재산마저 다 날려버렸습니다. 그러다 보니 빚더미에 앉게 되었습니다. 남편이 공무원이라 사관으로 들어가려는데 마음이 내키지 않아 기도하고 있습니다. 저보다도 남편이 더 괴로운 모양입니다. 남편이 술에 취해 들어와서 '내가 죽고 없어지면 아이들 하고 잘 살아요. 정말 미안해요.' 하고 말을 내뱉을 때마다 제 마음은 천 갈래 만 갈래 찢어졌습니다. 서 목사님의 말씀대로 '하나님과 관계

하나님과 관계없이 받는 고통들

없이 받는 고통들'로 살아왔습니다."

"성도님! 오늘 이야기는 지금 이것으로 끝내야 합니다. 자꾸만 이야기하다 보면 성도님만 연약해질 뿐입니다. 성도님 중심에 예수님만 모시고 살아야 하는데 시어머니, 남편, 아이, 물질, 연약함, 비관 등이 자리 잡고 있군요. 그러니 병들 수밖에 없습니다.

아이가 저능아가 된 것도 억울하고, 남편이 주식에 손을 대어 재산을 잃은 것도 억울한데 마음까지 빼앗겨서 고통하며 하나님을 원망하고 매일 슬픔에 젖어 살고 있는 것이 문제입니다. 그러니 진정한 예배를 드릴 수 있겠습니까? 기도가 하나님께 상달되겠습니까? 그러나 하나님께서 성도님을 사랑하시어 저를 만나게 하셨으니 깨끗이 치유받으십시다."

성도는 주체할 수 없는 눈물을 쏟으면서 소리 내어 울기 시작했다.

"성도님! 울음을 그치고, 제 눈을 보세요. 치유받으려고 저를 만났으니 저를 보세요. 오늘 문제는 누구한테 있는 것이 아니라 성도님이 문제입니다. 잘 생각해 보세요. 아이가 정상이 아닐지라도, 학교 다니며 잘 살고, 남편도 술에 취해 "내가 없어지더라도 아이와 잘 살아요." 하면서 자기 하고픈 얘기 다 하면서 잘 사는데 성도님만 괴로워하고 있지 않습니까? 내가 살아야 가족도 살릴 수가 있습니다. 내가 병들고 힘든 데 누구를 살리겠습니까? 결국 이 모든 것은 마귀에게 속아서 생긴 것입니다. 제가 묻겠습니다. 하나님을 누구라 부르지요?"

"여호와 하나님이십니다. 하늘에 계신 하나님이십니다."

"틀렸습니다. 제가 가르쳐드리겠습니다. 하나님은 바로 성도님의 아버지이십니다. 아버지로 안 믿었기 때문에 고통스럽게 살아온 것입니다. '하나님 아버지' 하고 불러보세요."

성도는 큰 소리로 하나님 아버지를 부르며 엉엉 울기 시작했다.

"성도님! 다시 묻겠습니다. 그러면 예수님은 누구십니까? 예수님을 나의 누구라 생각하시죠? 이 대답을 못하면 큰일 납니다. 가르쳐드리지요. 예수님은 나의 구세주이십니다. 아무리 교회에서 헌금 잘하고 봉사 잘하고 믿음이 있는 척하지만, 하나님을 아버지로, 예수님을 구세주로 시인 못하면 지옥 가는 것입니다. 그렇다면 또 묻겠습니다. 성령님은 어디 계십니까?"

"성령님은 제 마음속에 계십니다."

"맞았습니다. 성령님은 제 안에, 성도님 안에 그리고 지금 우리 눈에 보이지 않지만 이 자리에 함께 계시며 성도님을 치유하시려고 저를 만나게 하신 것입니다. 믿으시기 바랍니다. 제가 성도님이 치유받도록 도와드리겠습니다.

저는 다만 도구로 사용될 뿐 성도님의 믿음으로 100% 믿을 때 고침 받습니다. 성도님의 마음속에 영적·정신적·육적 질병이 있었습니다. 허리가 아프고 편두통과 관절염이 있었습니다.

하나님과 관계없이 받는 고통들

시어머니로부터 눌린 마음, 저능아 자식으로 인해 원망했던 마음, 남편의 실수로 재산을 잃고 아팠던 마음, 여러 가지 잡다한 것들이 여기 있었습니다. 이제 이사야 53장 5절과 마태복음 8장 17하반절 말씀을 적용하겠습니다.

예수님의 찔림은 성도의 허물을 인함이요, 예수님이 상함은 성도님의 죄악을 인함입니다. 예수님이 징계를 받음으로 성도님은 평화를 누리고, 예수님이 채찍에 맞음으로 성도님은 나음을 입었습니다. 예수님께서 성도님의 연약함을 친히 담당하시고, 모든 질병을 짊어지시고 2천 년 전에 다 가져가셨습니다. 그러면 고통들이 성도님의 마음에 있습니까? 없습니까?"

성도는 잠시 생각하더니 고백했다.

"목사님! 다 가져가셨어요. 지금 네모난 상자들이 수없이 제 마음속에서 빠져나가고 있어요. 평안이 막 밀려오면서 머리가 개운하고 몸이 가벼워졌습니다."

성도는 앉았다 일어나기를 반복하면서 허리 통증도 없어졌다고 한다.

"방안이 환해졌어요. 너무 감사하여 찬양이 나옵니다. 모든 영광을 하나님 아버지께 돌립니다. 그리고 목사님께 감사합니다."

"성도님! 이제 속지 마시기 바랍니다. 천국 가는 그날까지 하나님 아버지만 의지하고 사세요. 혹시 몸이 아프다고 느껴지면 예수님께서 이미 병을 가져가셨다는 말씀에 대한 믿음을 가지세요. 그러면 그 자리에서 깨끗함을 받을 수 있습니다."

그 후에 기도로 마무리해 주었다. 한 영혼이 지옥과 같은 고통에서 완전히 자유를 얻었다.

수면증

26세 된 자매의 간증이다.

"늘 삶에 의욕이 없고, 힘든 나날을 보내는 나 자신을 발견하고 소스라치게 놀라며 이렇게 살아서는 안 되겠다 하면서도 그때뿐입니다. 잠을 많이 자고 일어났는데도 잠에 취하여 할 일을 못하는 수면증에 걸렸습니다. 따사로운 햇살 아래 늘어지게 자고 있는 강아지처럼 말입니다. 소화 기능까지 저하되어 적게 먹는데도 살만 찌고 있습니다. 엉덩이만 붙어도 잠이 쏟아져 나 자신이 눈을 떴는지 감았는지를 모를 정도로 심각합니다. 그래서 직장에서도 지적받곤 하여 아예 저는 외근을 주로 맡아서 일을 하고 있습니다.

더 심각한 것은 손바닥에서 땀이 물처럼 흐른다는 것입니다. 병원에서는 곧 수술을 하자고 재촉하고 있습니다. 그러나 아직은 여유가 없어서 마냥 기다리고 있습니다.

제가 고등학교 3학년 때입니다. 학력고사를 앞두고 긴장되고 초조한 마음을 가눌 길이 없어서, 두려움이 커지고 매우 힘든 상태였습니다. 그때부터 손에 땀이 생기면서 갈수록 점점 더해만

갔습니다. 교회에서 형제, 자매들의 손을 잡고 찬양하거나 기도할 때 죽기만큼 싫었습니다. 제 손을 잡는 청년에게 혹시나 혐오감을 주지는 않을까 싶고, 상대방이 어떻게 생각할지 두려웠습니다. 기도도 안 되고, 가슴이 답답하고, 예배드리면서도 딴 생각으로 졸 때가 한두 번이 아닙니다. 목사님, 제가 어떻게 해야 치유받을 수 있나요?"

"자매님은 과거에 붙들려 있습니다. 몸은 26세인데, 생각은 아직도 고등학교 3학년에 머무르고 있습니다. 결국 속아서 살고 있습니다. 이것이 다 '하나님과 관계없이 받는 고통들'입니다. 마귀는 고 3때를 추억하게 하며, 그때부터 나빠졌다는 생각이 자매님을 속이고 있다는 것이지요. 생각에서 빠져 나와 '내가 속았구나!' 하고 인정하면서 마귀를 예수의 이름으로 저주하세요. 이미 자매님의 병은 예수 그리스도께서 다 가져가셨습니다.

자꾸만 잠을 자도록 미혹하고, 소화를 저하시키며, 살찌게 하며, 손에 물처럼 흐르는 땀을 통하여 고통을 주고, 연약하게 하는 것이 내가 아닙니다. 자꾸 나 자신이라고 하기 때문에 치유받지 못하는 것입니다. 병원에 갈 때 가더라도 지금 '내가 아니요'를 적용하고 생각을 분리시키고, 그 속에서 빠져나와 예수 그리스도를 믿고, 바라보시기 바랍니다. 그리하면 생각과 마음이 유쾌해지면서, 평안이 밀려오고 감사가 넘칠 것입니다. 그렇게 될 때 하나님께 모든 영광을 돌리세요. 그 후 감쪽같이 손바닥에 땀이 멈출 것입니다."

전신무력증과 오십견

9세 때 뒤로 넘어져 기절한 후 오랫동안 지병으로 고생하며 살아온 사람이다. 6학년 때부터 시작된 치질은 하혈까지 할 정도로 심했고, 중학교 2학년 때는 시커먼 물체가 목을 눌러 여러 번 호흡을 못하고 가위에 눌려 고통 속에서 깨어날 때가 많았다 한다. 꿈속에 한 여자가 나타나 몸을 만지면 영락없이 몽정을 했으며 점점 몸은 쇠약해져 살 소망이 없다 한다.

25세 때부터 교회에 다니기 시작하여 신앙생활을 하다가 지금의 아내를 만나 남매를 낳고 다복하게 살고 있었는데, 어느 날부터인지 악몽에 시달려 다시 몸이 쇠약해지면서, 온몸이 감각이 없고, 오십견까지 겹쳐서 전혀 오른쪽 어깨를 못 쓰고 있었다. 기도하여도 응답이 없고, 성경을 읽어도 도무지 생각이 나지 않고, 예배 시간에도 졸음만 쏟아지고 매우 답답해했다.

그러던 중 그의 아내가 『나인 줄 알고 살아 왔던 상처들』이라는 책을 사와 단숨에 그 책을 읽고 나도 고침 받아야겠다고 생각하고 나를 찾아와 상담을 신청했다. 질병도 질병이지만 하나님과 영적 관계가 끊어진 상태를 지적해주었다. 각종 질병과 문제는 잘 믿으면서도 예수님을 믿지 않아서 고통스러운 것이라고 책망하였다. 예수님께서 이미 나의 질병을 다 가져가셨다는 말씀과 그 병들은 내가 원한 것이 아니라는 말을 듣는 순간 그는 눈과 귀가 번쩍 떠졌다고 한다. 말씀 적용을 통하여 모든 영적·정신적·육적 질병들이 그 자리에서 떠났다. 그는 어둡고 캄캄했던 방안이 환해지면서 갑자기 붕 떠 있는 체험을 하였다.

그동안 예수님을 믿고 살아왔다고 생각했지만 죽은 믿음일

하나님과 관계없이 받는 고통들

뿐이었음을 고백했다. 결국 '하나님과 관계없이 받는 고통들'을 받고 살아온 것이다. 그러나 이제 죽어도 천국 갈 수 있는 확신을 얻고 그는 더 이상 마귀와 질병에 속지 않으리라 다짐했다. 모든 영광을 하나님 아버지께 돌려드렸다.

25년 만에 되찾은 시력

부산에서 말씀 치유집회를 했던 둘째 날 마귀론에서 사람이 죄를 지은 것은 마귀에게 속아서 행한 것이라 말하고 "내가 원한 것이 아니요."라고 선포하게 했다. 오후에 많은 성도들에게 차례대로 상담 치유를 하였다.

그중에 한 여 집사님이 25년 동안 썼던 안경을 벗어던지고 시력을 되찾았다. 여 집사님은 안경 없이는 못 살 정도로 시력이 매우 안 좋았다. 잠을 잘 때도 안경을 쓰고 자고, 세수할 때도 안경을 쓴 채로 세수하다가 안경을 물속에 빠뜨리는 일이 많았다고 한다. 마이너스 3으로 시력이 안 좋을 뿐 아니라 색맹이었다. 그 여 집사님이 안경을 벗을 수 있었던 계기는 마귀론을 통하여 '내가 아니요'를 믿게 되고 믿음으로 그것을 적용했던 것에 있었다. 그 여 집사님은 이렇게 간증하였다.

"마귀론에 대하여 말씀을 듣는 순간 가슴이 벅차오르면서 '그래 시력이 나쁜 것이 내가 아니야!' 하고 생각하는 순간 손에 잡히듯이 마귀가 잡히면서 '내가 수십 년을 이 마귀에게 속아서 하나님과 관계없이 받는 고통들'로 살아왔구나!' 하는 깨달음이 왔습니다. 갑자기 억울하다는 생각이 들었고 쓰고 있던 안경을 벗어서 휴지통에 던져 버렸습니다.”

여 집사님은 그뿐만 아니라 무좀과 관절염과 편두통과 또한 송곳으로 찌르듯이 심장이 아팠는데 그것도 깨끗하게 치유받고, 교회에서도 인정받으며 때를 얻든지 못 얻든지 전도하며, 지금은 신학교에 입학하고 졸업하여 전도사로 쓰임 받고 있다.

여고생의 시력 회복

따르릉 전화가 왔다. 딸아이가 고등학교 2학년인데 갑자기 앞이 안 보여 학교도 못 가고 울고 있어서 나를 만나기를 기다리고 있다고 했다. 산본까지 달려가 여고생을 만났다. 학생이 엄마 손에 이끌리어 거실로 나왔다. 다음 달이면 다른 나라로 이주해 간다고 한다. 아빠가 대사관 공사로 가시기 때문에 가족이 모두 간다는 것이다.

학생의 엄마는 순복음교회 집사님인데 『나인 줄 알고 살아왔던 상처들』을 구입하여 읽고 적용함으로 디스크로 고생했던 허리를 고침 받았다고 한다. 그런데 딸아이에게 적용하였는데 낫지 않아 수소문 끝에 나에게 연락이 닿은 것이라고 한다. 학생이 하는 말이 엄마 따라 금요철야기도회에 가서 기도하는 중 시커먼 물체가 눈을 꿰고 들어와 그 순간부터 앞이 안 보여서 난리가 났다 한다.

여 전도사님들이 그룹으로 몰려와 안수 기도해 주고, “예수님의 이름으로 명하노니 귀신아! 떠나라!”라고 고래고래 고함을 치고 했지만 소용없고 오늘에 이르렀다고 한다. 그래서 학생과 일대일 상담을 했다. 슬픔 속에 하얗게 질려있는 학생은 입을

하나님과 관계없이 받는 고통들

열기 시작했다.

"저는 초등하교 3학년부터 안경을 썼습니다. 칠판 글씨가 또 렷이 보이지 않아 선생님에게 여쭈었더니 안경을 쓰라고 하여 서 그때부터 안경을 쓰기 시작했습니다. 안경을 쓰면 눈이 좋아 진다고 안과 선생님이 말씀해주셨습니다. 그런데 학년이 거듭 높아지면서 시력이 더 안 좋아져 마이너스까지 되었습니다.

저는 엄마에게 구박을 받고 살아왔습니다. 그래서 혹시 저의 엄마가 계모가 아닌가 생각도 하였습니다. 나중에 알았지만 제 아빠가 3대 독자입니다. 친할아버지가 손자를 학수고대하시며 기다렸는데 아들이 아니고, 딸인 제가 태어났다는 것입니다. 그 때부터 엄마의 시집살이는 시작되었고, 엄마의 마음의 고통이 저에게 전달되면서 엄마는 저에게 화풀이를 하였습니다.

제가 말을 알아듣고 눈치 챌 정도로 힘들 때는 가출하고 싶은 충동도 받았습니다. 엄마에게 사랑받으려고 다가갔지만 엄마는 냉정했습니다. 혹시나 아이들이 "쟤네 엄마는 계모래요!" 하고 놀릴까 하여 동네 친구들과 노는 것도 싫었습니다. 그러다 보니 마음이 늘 무겁고 시력이 자꾸 나빠지면서 마이너스까지 내려 갔습니다. 학교생활도 원만하지 못했고 이 모든 것이 친할아버 지와 엄마 책임이라고 전가를 하였습니다.

바깥에 나가는 것도 싫어하다 보니 몸이 뚱뚱해지면서 생리 가 끝나고 나면 하얀 액이 나와 말 못 하는 고민도 있었습니다. 목사님! 제가 다시 앞을 볼 수 있을까요?"

"학생 이것이 다 '하나님과 관계없이 받는 고통들'을 받은 거야."

학생은 울기 시작했다.

"걱정하지 마라. 하나님이 너를 사랑하시기 때문에 나를 너희 집에 보내주시고, 너를 치유하시기를 원하신단다. 자! 눈물을 닦고, 한번 물어보자! 너는 하나님을 누구라 부르니?"
"잘 모르겠어요. 그냥 하나님 아니세요?"
"내가 가르쳐주마. 하나님은 학생의 아버지시란다!"

하고 손뼉을 탁 쳤더니 학생은 "으앙" 하고 큰 소리로 울기 시작했다.

"학생! 울음 그치고, 그러면 예수님은 학생과 어떤 관계이지?"
"예수님은 저를 구원해 주셨어요."
"그래 맞아! 그래서 예수님을 구세주라 부르는 거야. 성령님은 어디 계시지?"
"제 안에 계십니다."
"그래. 네 안에 내 안에 계시고, 목사님이 여기 오기 전에 이미 이 자리에 오셨단다. 그것을 그냥 믿어야 한단다."

그 후에 이사야 53장 5절과 마태복음 8장 17하반절을 적용시켰다.

"네 마음속에 미움이 있었고 고통이 있었고 시력이 떨어져

하나님과 관계없이 받는 고통들

앞을 못 보는 질병이 있었지? 두려움이 있고, 아픔이 있었는데 예수님이 2천 년 전에 다 가져가셨어. 그러면 병이 네게 있겠니? 예수님께 있겠니?"

"예수님이 다 가져가셨어요. 목사님! 얼굴이 보여요. 엄마 얼굴도 보입니다. 지금 마음이 너무 유쾌합니다. 산에 올라와 있는 것 같아요. 마음이 시원해요. 정신이 맑아졌어요. 평화가 넘쳐요. 내 마음속에서 찬양 소리가 나요."

"그래. 이 시간까지 귀신에게 속아서 '하나님과 관계없이 받는 고통들'을 받으면서 살아왔구나. 이제 속지 말고 예수님을 생각하고, 믿고, 인정하며 살아가거라."

이렇게 십여 년간 가족을 미워하면서 눈까지 볼 수 없었던 학생이 자유를 얻었다.

눈꺼풀 떨림

대구에 사는 성도의 고백이다.

"여러 차례 대수술을 했습니다. 저는 자궁부터 여러 곳을 드러낸 사람입니다. 늘 하나님의 은혜가 감사하여 열심히 교회에서 충성하며, 신앙생활을 하고 있습니다. 또한 사랑하는 남편 안수집사의 희생과 도움이 없었다면, 살 수도 없는 사람입니다. 아프고, 고통하며, 힘들면 하나님을 찬양했습니다. 저는 한 가지 소원이 있는데 죽기 전에 하나님의 교회를 세우는 것입니다. 하나님께서 부르시면 저는 천국 갈 준비가 되어 있습니다.

며칠 후면 둘째가 결혼합니다. 혼례 준비로 인하여 잠을 설치고, 신경 썼더니 왼쪽 눈꺼풀이 심하게 떨리고 눈물이 나오고 핏발이 서고, 무엇이 끼어 있는 듯 갑갑하고 흐립니다. 안과를 찾아가서 치료 중에 있으나 좀처럼 낫지 않습니다.

그리고 예전보다도 건망증이 심하여 손에 들고 있으면서도 가방을 찾을 때가 한두 번이 아닙니다. 관절염과 만성피로도 있어서 조심을 하는데도 힘듭니다. 이러다가 소리도 없이 죽어 천국 가는 것이 아닌가 싶어서 남편과 자식들 때문에 걱정이 됩니다. 몸이 점점 많이 아파오는 것을 생각하여 여기저기 치료방법을 찾던 중에 제 남편이 기독교 서점에 가서 『나인 줄 알고 살아왔던 상처들』이라는 책을 사다가 저에게 건네주었습니다. 그리하여 서 목사님을 초청하게 되었고, 상담치유를 받았습니다.

서 목사님을 보면서 저희 내외는 매우 당황하였습니다. 책에서 본 사진은 키도 크시고, 정상인인 줄 알았는데 다리가 불편한 분이셨습니다. 그래서인지 더 하나님의 은혜가 저에게 충만하였습니다.

서 목사님도 그 옛날 죽을병에서 고통을 겪다가 하나님의 은혜로 치유받고, 병자를 치유하는 치유자로 쓰임 받고 있다는 간증에 큰 은혜를 받았습니다. 그러면서 저도 '질병에서 치유받겠구나' 하는 믿음이 생겼습니다. 책을 읽으면서 삼위일체 하나님을 발견하고 말씀을 적용했는데도 시원치 않아 서 목사님을 만나 상담한 후에 깨끗이 치유받았습니다. 제 속에서 고통을 주는 귀신의 정체를 알았습니다. 또한 질병이 나라고 생각하고 살아왔는데 제가 아니라는 것을 알았습니다.

교회를 다니면서 예수님을 믿음으로 천국 가는 것은 알았지

하나님과 관계없이 받는 고통들

만, 질병을 담당하신 것을 인정하는 것은 전혀 몰랐습니다. 결국 '하나님과 관계없이 받는 고통들'로 살아왔던 것입니다. 즉, 질병은 잘 믿으면서, 온전히 예수 그리스도를 믿지 않아 고통당하는 것을 알았습니다. 그리고 제 마음 한가운데 예수님만 모시고 살아야 하는데 잡다한 것을 끌어안고 살아왔다는 것을 분명히 알았습니다.

귀신을 제대로 알지 못하면 모든 것을 오해하며, 다람쥐 쳇바퀴 도는 신앙생활만 반복된다는 것을 알았습니다. 상담을 받은 후 말씀을 적용해 주시는데 그 자리에서 제 질병과 문제, 염려 덩어리가 빠져나가 버렸습니다. 떨리던 눈꺼풀이 멈추고, 눈물이 멈추었습니다. 마음에 평안이 밀려오는데 머리가 시원해졌습니다. 무거웠던 마음이 가벼워졌습니다. 어쩔 줄 몰라 손뼉을 치면서 남편과 교회 식구들과 함께 기뻐했습니다. 모든 영광을 성삼위 하나님께 돌려드립니다."

여 선교사님의 우울증과 불면증

첫 인상이 지적으로 보이는 여 선교사님과 올케언니가 함께 상담을 받으러 왔다.

"얼마 전 선교지에서 대학을 다니는 20살 갓 넘은 자식을 잃었습니다. 자동차를 타고 가다가 상대방 차가 달려드는 바람에 그 차를 피하려다가 그만 가로등을 들이받고 그 자리에서 숨졌습니다. 그 충격으로 밤낮으로 울고불고하면서 삶의 목표마저 다 포기했습니다. 식음을 전폐하고, 우울증과 불면증으로 날밤을 지새우며, 눈을 떠도 눈을 감아도 먼저 하늘나라로 간 자식이 보고 싶고, 너무 억울하여서 산다는 것이 저에게 아무런 도움이 되지 못했습니다.

하나님은 왜 하필이면 저에게 이런 시련을 주시나요? 내 나라, 내 민족, 내 부모 형제, 일가 친척을 버리고 머나먼 이국 타향에서 선교하기 위하여 갔건만 왜 이런 고통을 안겨주나요!

죽고 싶어서 약을 먹었습니다. 그러나 다시 살았습니다. 실은 몸이 쇠약해져서 교단 선교부 도움으로 한국에 나와 얼마 전까지 병원에 있었습니다. 그러다가 기도원에 가려던 중 기독서점에서 크리스천 신문에 광고 난 것을 보고 목사님을 찾아뵈었습니다. 지금도 아이 생각만 하면 마음이 슬퍼집니다. 둘도 아닌 하나밖에 없는 자식을 잃었습니다. 어떻게 키운 자식인데…. 마음이 찢어지는 아픔과 고통은 칼로 도려내는 것과 같습니다. 저를 도와주세요. 목사님!"

"선교사님! 자식 잃은 것도 억울한데 마음까지 빼앗겨서 살고 있으니 그것이 문제입니다. 이것이 다 '하나님과 관계없이 받는 고통들'입니다. 아들은 선교사님의 말씀대로 하늘나라로 갔습니다. 그런데 아직도 선교사님의 마음속에 들어앉아 있군요. 그것이 바로 속는 것입니다. 이미 아들은 하나님 품에 안겼습니다. 그런데 이 악한 원수 마귀가 아들로 위장하고 마음 중심에 들어앉아 자꾸만 생각나게 하고, 죽고 싶은 충동을 심어주고, 우울하게 하고, 잠을 못 자게 하고, 하나님을 원망하게 만들고 있습니다. 하나님의 사랑을 끊으려는 간악한 장난에 선교사님은 속고 있는 것입니다.

제 말이 맞습니까? 이 시간까지 귀신에게 속아서 살아 온 것이 억울하지 않습니까? 원망하고 상대해야 할 대상은 마귀인데 왜 하나님을 원망하며 상처와 아픔을 당하고 계십니까? 하나님은 한 번도 선교사님의 가정에 불행을 주신 일이 없습니다. 독생자 외아들 예수 그리스도를 주시기까지 아낌없는 사랑을 주셨지 않습니까? 그리고 선교지에는 왜 갔습니까? 하나님의 사랑 때문에 가신 것 아닙니까? 결국 하나님, 예수님, 성령님은 잘 믿고 알지만, 사탄, 마귀, 귀신을 모르기 때문에 당하는 것입니다. 이게 다 '내가 아닙니다.'

분명히 로마서 7장 20절에 "내 속에 거하는 죄"라고 말씀하셨습니다. 죄는 누가 줍니까? 바로 마귀가 주는 것입니다. 오늘도 간악한 마귀는 우는 사자와 같이 삼킬 자를 찾아다니고 있습니다. 선교사님의 마음 중심에 아들로 위장하고 들어앉아 이번에는 선교사님도 죽이려고 하는 귀신을 빼버립시다. 그리고 자유를 얻으시기 바랍니다.

제가 묻겠습니다. 하나님을 누구라 부르지요? 제가 가르쳐 드리겠습니다. 하나님은 선교사님의 아버지이십니다."

말씀을 전함과 함께 손뼉을 쳤더니 깜짝 놀라면서 선교사님은 소리 내서 엉엉 울었다. 같이 있던 올케언니도 따라서 울었다.

"예수님은 선교사님의 구세주이십니다. 성령님은 우리 눈에는 보이지 않지만 지금 이 자리에 오셔서 친히 우리를 주장하시고 함께 하시고 계십니다. 선교사님은 하나님을 원망하며 등을 돌리고 있었지만 하나님께서는 '딸아, 속히 돌아오라.' 하시면서 저를 만나게 해주신 것입니다.

지금 이 시간 깨끗이 치유받고 아름답게 쓰임 받으세요. 선교사님의 마음속에 죽은 아들이 있습니다. 우울증이 있습니다. 불면증이 있습니다. 하나님을 원망했습니다. 자살하려고 했던 행동이 있습니다. 아프고 힘들었던 생각이 다 여기에 있습니다. 그런데 예수 그리스도께서 이 모든 불행과 저주와 질병을 짊어지시고 2천 년 전에 가져갔습니다. 그러면 선교사님의 마음 중심에 있습니까, 없습니까? "

"없습니다."

"그래요. 그것을 믿으세요. 100% 믿으세요. 그분께 맡기세요!"

그녀는 쓰러졌으며, 영적으로 깊은 체험을 하였다. 30분 정도가 흐르자 그녀가 깨어나서 간증을 했다.

"목사님! 하나님 아버지께 감사와 찬양을 드립니다. '목사님께서 100%로 믿으세요.' 하는 순간 쓰러지면서 제 영육이 분리되었습니다. 그리고 강력한 힘에 이끌림을 받았습니다. 저를 위해서 살을 찢으시고 피 흘려 돌아가신 예수님을 만났습니다. 얼마나 고통당하시는지 제 온몸에 주님의 고통이 느껴지는데 너무 아파서 견딜 수가 없었어요. 제 두 눈으로 똑똑히 주님에 구멍 난 옆구리를 보았습니다. 예수님께서 말씀하셨습니다.

하나님과 관계없이 받는 고통들

'딸아, 내니 두려워 말라.'

저는 그 한마디에 엉엉 울었으며, 참 회개가 터져 나왔고, 주님의 사랑과 평안이 밀려오는데 너무 벅차고 몸이 둥실둥실 떠 있는 듯한 체험을 했습니다. 웬 은혜인지, 웬 사랑인지 말로 다 형용할 수 없는 놀라운 순간이었습니다. 이제야 제 사명이 무엇인지를 알았습니다. 내 생명 다하는 그날까지 복음을 전하다 천국에 가겠습니다. 날 위해 예수님을 보내 주시고, 저를 놓치지 않고, 함께하시며, 역사하시는 하나님 아버지께 모든 영광을 올려드립니다. 서 목사님! 저를 위해 쓰임 받으시고, 치유자로 도와주신 은혜 감사합니다."

사모의 회개
그녀는 대뜸 울면서 지난날의 이야기를 시작했다.

"남편 선교사가 저를 외면하고 아이들을 데리고 오지로 떠났습니다. 저는 예수님을 믿기 전에 여러 남자를 만났습니다. 첫 사랑은 고등학교 친구였습니다. 그 친구가 군에 들어가기 전날 함께 여관에서 넘지 못할 선을 넘고 서로가 사랑을 확인했습니다. 그 후 직장생활하면서 직장 동료와 동거를 하게 되어 3년 정도 살다가 헤어졌고, 낙태도 했으며, 결국 성격이 맞지 않아서 헤어졌습니다.

또 한 사람을 친구 소개로 알게 되었습니다. 동거생활을 하는 중, 아기가 태어나 단란한 가정을 꾸미고 살았습니다. 그러던 어느 날 갑자기 남편이 아기를 데리고 어디론가 사라졌습니다. 그 충격으로 삶의 지표를 잃고 술과 담배로 찌들어 생활하다가 동네 아주머니 전도를 받고 신앙생활을 시작했습니다. 지난날의 모든 잘못을 회개하면서 열심히 신앙생활을 하였고, 집사 직분까지 받아 교회에서 충성을 다하며, 전도 왕도 되어보고, 담임목사님과 성도들에게도 칭찬을 받았습니다. 하나님의 은혜를 누구보다도 많이 받은 겁니다.

그러던 중 권사님의 중매로 신학생인 전도사님을 만나 교회에서 결혼도 하고, 아이들을 낳아 남부럽지 않은 가정을 꾸리며 살아가는데 느닷없이 전에 동거하다가 아기와 함께 사라진 그 사람이 나타나 다짜고짜 남편 전도사님에게 '이 사람은 내 아내요.' 하면서 난리를 쳤습니다. 남편은 큰 충격을 받았지만 하나님의 은혜로 일이 잘 수습되었습니다.

그 후로 남편은 목사 안수를 받았고, 선교사로 파송을 받았습니다. 남편은 오지에 들어가면 한 달에 한 번 정도 집에 오곤 했습니다. 그리고 아이들만 보고 또 훌쩍 오지로 떠나버렸습니다.

저는 그렇게 하는 남편이 너무 야속도 하고, 이미 옛날 일을 다 잊었다고 하면서도 저만 보면 차갑게 대하기 때문에 너무 힘들었습니다.

그러던 중에 넷째 아이를 갖게 되었고, 출산도 가까이 오기에 남편 허락을 받아 한국의 친정집으로 왔습니다. 남편과의 냉전 상태 속에서 저는 넷째 아이를 낳았습니다. 울기도 참 많이 울었습니다. 너무 외롭고 힘들었으며, 그럴 때마다 기도하며 매달렸습니다.

한국에 온 지 일 년이 지났고, 남편은 두 차례 한국을 다녀가

하나님과 관계없이 받는 고통들

면서도 저에게는 쌀쌀하게 대했습니다. 심적으로 힘들게 지내고 있을 때, 고등학교 친구 모임이 있으니 꼭 나오라는 연락이 왔습니다. 그래서 친구 모임에 갔다가 25년 전 군에 들어간 남자 친구를 만났습니다. 그냥 돌아왔어야 하는데 저는 그 친구랑 다시 관계를 가졌습니다. 그리고 우리는 계속 만나서 불륜을 저질렀습니다.

그래서 넷째 아이를 데리고 다시 들어오라는 남편의 연락을 받고도 저는 망설였습니다. 이게 큰 죄악이요, 씻을 수 없는 부끄러운 일인지 알면서 차마 한국을 떠난다는 것이 매우 힘들었습니다. 결국 저는 남편이 있는 선교지로 아이를 데리고 들어갔습니다. 아이들과 함께 생활하면서도 늘 남편이 없는 고독한 나날들을 보내야 했습니다. 저는 지쳐버렸고, 제가 살아야 할 아무 가치도 없다는 판단을 했습니다.

제 사정을 그래도 조금이나마 알던 여 집사님께서 서 목사님을 만나게 해주셨습니다. 서 목사님을 보는 순간 눈물이 하염없이 쏟아졌습니다. 저에게 눈을 쳐다보라 하시면서 하시는 말씀이 제 마음 중심에 예수님만 계셔야 하는데 잡다한 더러운 것들이 들어앉아 있어 고통받으며 살아왔다고 하셨습니다. 그 말을 듣는 순간 가슴이 찡하며, 경련이 일어났습니다.

그 후에 이사야 53장 5절과 마태복음 8장 17하반절을 적용하시면서, 저의 용서받지 못할 저주와 죄와 질병과 음란과 불행을 몽땅 짊어지시고 2천 년 전에 가져가신 예수 그리스도를 100% 믿으라고 말씀하셨습니다.

그 말씀을 듣는 순간 저도 모르게 비명을 지르고, 데굴데굴

방바닥을 굴렀습니다. 저는 목사님을 통해서 삼위일체 하나님을 정확하게 알았고, 간악한 사탄, 마귀, 귀신의 정체를 알았으며, '하나님과 관계없이 받는 고통들'을 당한 것을 알았습니다.

그 많은 세월을 악한 음란 귀신에게 붙들려서 살아온 것이 분하고 원통했으며, 아무리 믿음 좋고, 신앙생활을 잘한다 해도 마귀를 모르면 음란한 짓을 하는 것이 나인 줄 알고 속아서 당한다는 것을 알았습니다.

오늘날 많은 기독교인들이 저와 같이 귀신에게 속아서 죄를 짓고 살아가고 있다는 것을 알았습니다. 하나님을 찬송하며, 서 목사님께 감사를 드립니다. 영육이 깨끗하게 치유받았습니다. 이제는 죽으면 죽으리라 하는 믿음을 가지고, 남편과 아이들이 있는 오지로 들어가서 선교를 돕고 제가 만난 하나님을 의지하며 살아가겠습니다. 모든 영광을 성삼위 하나님께 돌려드립니다."

어느 목회자 사모의 고백

시어머니와 남편 목사님이 무서워서 몇 번이고 도망가고 싶었으나 섬기는 교회 성도들 때문에 그냥 살고 있습니다. 딸만 셋을 두신 친정어머니는 권사님이십니다. 목사 사위를 보는 것이 소원이어서 자나 깨나 항상 기도하셨습니다.

어머니는 언니를 먼저 목사님의 사모님으로 시집보내려 하셨습니다. 그러나 언니는 사모되기를 한사코 싫어 하였습니다. 결국 언니가 나가야 할 선 자리에 제가 대신 나가게 되었습니다.

그리던 어느 날, 언니 대신 선을 본 적이 있던 전도사가 찾아

하나님과 관계없이 받는 고통들

와서 어머니에게 저와 결혼하겠다고 청을 하였습니다. 어머니는 덩실덩실 춤을 추듯이 좋아하셨고, 저는 어머니 뜻에 따라 12년이나 나이 차이가 있는 그 사람과 결혼했습니다. 그 후 남편은 목사가 되었고, 개척을 하여 목회를 하였습니다.

그런데 결혼하고도 아기가 들어서지 않아 홀시어머니로부터 야단을 맞았습니다. 툭하면 욕하시고, 손찌검까지 했습니다. 그것도 모자라 남편도 시어머니가 보는 앞에서 저를 엎드리게 해 놓고 야구 방망이로 엉덩이를 때렸습니다. 제 남편은 고지식한 군인 출신이며 율법적인 데다 경상도 분이라 성격이 완고하고 유교사상까지 있어 아주 힘든 상대입니다.

결혼 5년 만에 딸을 낳았습니다. 시어머니는 아예 쳐다보지도 않았습니다. 모자는 번갈아 가면서 시집살이를 시켰습니다. 마음속으로 '이 사람들이 정말 예수님을 믿는 사람들일까?' 생각하며, 서럽게 울 때가 많았습니다. 저하고 딸아이는 늘 구박덩어리였습니다.

드디어 2년이 지나 아들을 낳았습니다. 그럴수록 딸아이는 시어머니에 천덕꾸러기가 되었습니다. 세월이 흘러 딸아이가 고등학생이 되었습니다. 늘 할머니와 부딪히더니 그만 아이가 가출하고 말았습니다. 밤새 찾다 보니 외할머니 댁에 가 있었습니다. '지난 날 언니 대신 선보는 장소에만 안 갔어도 저와 딸이 구박을 받지 않았을 텐데.' 후회하며 기도했습니다.

남편 목사는 교회에서는 천사입니다. 하지만 집에 오면 악마가 따로 없었습니다. 집에서 남편과 마주치면 속이 울렁거리고, 가슴이 벌렁벌렁했습니다. 어디론가 도망하고 싶고, 죽고 싶은 마음이 굴뚝 같고, 남편과 시어머니의 눈치를 보며 살아가는 제 모습이 너무 불쌍했습니다.

하루는 저희 교회 여 집사님이 『나인 줄 알고 살아왔던 상처들』이라는 책을 가져와서 읽어보라기에 읽어보았습니다. 그 후 집사님과 함께 서 목사님을 만나 상담을 했습니다. 목사님을 보는 순간 하염없는 눈물을 흘렸습니다. 서 목사님은 저의 지나온 이야기를 다 들으신 후에 말씀하셨습니다.

"사모님은 이 시간까지 혼자 살아왔군요. 하나님은 늘 사모님과 함께하셨는데 사모님은 하나님이 안 계시는군요. 이것이 다 '하나님과 관계없이 받는 고통들'입니다. 사모님! 이렇게 이 시간까지 20년 가까이 살아온 것이 억울하지 않습니까? 사모님 마음속에 예수님만 계셔야 하는데 시어머니, 남편, 딸아이, 친정 식구 등 잡다한 것들이 들어 있어 눌려서 살아왔군요. 그러니 생각과 마음이 빼앗겨 남의 인생만 살았으니 얼마나 힘들었습니까? 그러나 그게 다 내가 아닙니다. 속고 사는 것입니다. 도망하려는 마음, 죽고 싶은 마음, 후회하는 마음, 서러운 마음 등등 이 모든 것이 귀신이 위장하고 내 속에 들어와 괴롭히며, 죽이려는 것입니다. 이런 감정에 쌓인 것이 나 자신이라고 믿기 때문에 고통당하는 것입니다. 속지 마시고 그 생각에서 빠져 나오세요. 제 책에서 언급한 것처럼, 하나님은 사모님의 아버지시고, 예수님은 구세주시고, 성령님은 이 자리에 함께하시며 우리를 주장하고 계시는 것입니다."

하나님과 관계없이 받는 고통들

저는 고개를 떨어뜨렸습니다. 목사님께서 눈을 바라보라 하시더군요. 그리고 이사야 53장 5절과 마태복음 8장 17하반절을 적용하시면서 100%로 믿으라 하셨습니다. 이미 2천 년 전에 저를 대신하여 모든 고난을 당하시고, 죽으시고, 부활하셨다 했습니다.

이 말씀을 의지하며 믿는 순간 마음에서 무엇인가 뻥 뚫리면서 평안이 밀려오기 시작했습니다. 아무 생각이 나지 않았고, 몸이 붕 떠 있는 체험을 하였습니다. 그리고 '내가 아니요'를 배웠습니다. 정말 억울했습니다.

귀신에게 속아 살았다는 확신이 생기면서 감사했습니다. 서 목사님의 안수기도로 저는 그 자리에서 쓰러졌고, 깊은 영적 체험을 했습니다. 같이 동행하였던 집사님도 상담을 통해 치유받았고 기쁨을 경험했습니다. 모든 영광을 하나님께 돌립니다.

어느 여 전도사의 고백

최근에 씨 없는 수박을 수확하여 수박을 좋아하는 이들에게 제공하게 되었다는 소식을 들었습니다. 저는 결혼한 지 12년 되었는데 아기가 없습니다. 결혼 후 1~2년, 3~4년 지나도 대수롭지 않게 생각했습니다. 언젠가는 아기를 갖게 될 거라고 별 의심 없이 살아왔습니다. 하지만 저희 내외는 아무 걱정 없는데 시댁 어른들은 왜 아기를 갖지 않느냐면서 야단하셨습니다.

얼마 전 시누이가 쌍둥이를 낳았습니다. 그 소리를 듣는 순간 미칠 것만 같았습니다. 저는 기도했습니다. 아기를 잉태하게 해 달라고 울며 매달렸습니다. 남편과 병원을 찾았습니다. 결과는 남편이 아기를 만들 수 없다는 것이었습니다. 제 남편은 씨 없는 수박처럼 씨가 없습니다. 즉, 정자를 생산 못하는 무정자증입니다. 속상하고 괴로웠습니다. 울며불며 왜 나를 속였냐고 남편에게 달려들었습니다. 남편도 괴로워서 어쩔 줄 몰라했습니다.

결국 입양을 했습니다. 6년이 지나 유치원에 다니고 있습니다. 제가 아기를 갖지 못한 것은 하나님께서 벌을 주신 것이라 생각합니다. 왜냐하면 주의 종이 되어야 하는데 요나처럼 도망했기 때문입니다. 저는 신학교를 다닐 때 독신녀 선교사가 되어 이방인에게 복음을 전하겠다고 서원하였습니다. 그런데 사명을 버리고 지금 남편을 만나서 결혼했고, '하나님과 관계없이 받는 고통들'을 받으면서 살았습니다.

다시 말해서 전도사라는 것을 남편에게 알려주지 않았습니다. 그때 당시 남편은 불신자였습니다. 현재 신앙생활한 지 몇 년 안 되었습니다. 불심이 강한 시댁은 나날이 저를 괴롭혔습니다.

자주 찾아오는 제사 음식을 만들어야 했고, 우상을 섬겼어도 제가 좋아서 한 결혼이라 그다지 문제가 되지 않았습니다. 시어머니가 절에 가자면 절에 갔고, 굿을 하자 하면 굿을 했고, 부적을 사다가 여기저기 붙이고 시어머니를 섬기며 잘 따랐습니다. 저는 다만 아들딸 잘 낳고 평범하게 살려했던 죄밖에 없습니다.

그러나 밤에는 여러 가지 생각으로 잠 못 이루고, 낮에는 혼자 있을 때가 가장 두려웠고 떨렸습니다. 그래서 문마다 자물쇠로 잠그고, 숨을 죽이면서 살아왔습니다. 그러면서 생각하기를 이러다가 쥐 죽은 듯이 죽는 것이 아닌가 싶어 무서웠고, 죽으면

하나님과 관계없이 받는 고통들

지옥 간다는 생각에 사로잡혀 공포에 시달리곤 했습니다.

그러던 어느 날, 국민일보에서 『나인 줄 알고 살아왔던 상처들』 책 광고를 보는 중에 제목 자체가 저를 두고 썼구나 생각되어 구입하여 읽었습니다. 그 후 서 목사님을 만나서 상담을 했습니다. 첫마디가 아무나 벌을 주시는 나약한 하나님이 아니시라는 것을 말씀해 주셨습니다. 오래 참으시며, 뉘우치고 돌아 올 때까지 기다리시는 사랑의 하나님을 가르쳐주셨습니다.

반면 마귀는 죄를 짓게 만든 후에 율법을 들이대며 아프게 하고, 고통을 준 다음 할 수만 있다면 예수 그리스도를 부인하게 하고, 무서움과 두려움을 주어서 지옥으로 끌어간다는 것을 알았습니다.

'복음을 저버린 자의 최후가 이런 것이구나!' 생각나게 하셨고, '하나님과 관계없이 받는 고통들'이 이런 것이라는 것을 알았습니다. 사명을 버리고 우상을 섬기며 하나님을 원망했던 것을 회개했습니다. 이제 '내가 아니요'를 알았습니다. 이 시간까지 귀신에게 속아서 살았다는 것이 너무 슬프고 억울하였습니다.

저의 남편은 착한 사람입니다. 저를 무척 사랑하며, 잘해 줍니다. 교회에서도 열심히 봉사를 합니다. 앞으로 하나님께서 기회를 주시면 남편과 아이와 함께 평신도 선교사라도 파송 받아 다른 나라에 가서 복음을 전하겠습니다. 남편도 매우 좋아합니다. 엔지니어 기술을 갖고 있는 남편입니다. 선교지에서 얼마든지 현지인들에게 기술을 가르치며 사역을 할 것입니다. 서 목사님을 통하여 다시 사명을 알게 하셨으니 영육을 치유하신 하나님께 영광 돌립니다. 정말 남은 인생을 주를 위하여 살겠습니다.

도박을 통한 구원

육군 상사로 제대한 나는 어느 날 동네 형님을 따라 고스톱을 치는 자리에 따라가게 되었습니다. 고스톱에 '고'자도 모르는 나는 뒷전에 앉아 구경을 하면서 잔심부름을 해 주었습니다. 시간이 많이 흘러 저녁 무렵이 되었을 즈음 이들은 고스톱에서 '집고 땡'을 하기 시작했습니다.

판돈이 고스톱 칠 때보다 커져서 많은 돈이 오고 갔습니다. 함께 간 동네 형님이 많은 돈을 잃었는데 나에게 돈을 빌려 달라고 했습니다. 이자를 쳐서 주겠다는 말에 십만 원을 빌려 주었습니다. 새벽 2시경 자리에서 일어서게 되었고 십 만원과 함께 개평이라는 돈을 얻어 받았습니다.

군대 시절에는 생각도 못해본 화투였지만, 제대하고 나니 이렇다 할 일자리가 없던 나는 동네 선배를 따라 다니면서 점차 화투라는 것을 알게 되었습니다. 시간 가는 줄 모르게 재미있었고, 점차 흥미를 느껴가는 나 자신이 마치 도박 영화를 촬영하는 주인공 같다는 생각이 들 정도였습니다. 예전에는 집과 부대밖에 몰랐는데 어느새 화투치자는 소리만 들으면 자다가도 벌떡 일어나 쏜살같이 달려 나가곤 했습니다.

아내에게는 군대 선배와 동업으로 조그마한 사업을 시작해서 바쁘다고 거짓말을 했습니다. 아내는 처녀 때부터 예수님을 잘 믿는 터라 항상 나를 신뢰해 주었습니다. 그래도 한 때는 나도 열심히 교회에 나간 적이 있지만, 그것은 아내를 즐겁게 해주려

하나님과 관계없이 받는 고통들

고 따라다닌 것뿐이었습니다.

교회는 약하거나 어리석거나 자신감이 없는 사람들이나 가는 곳이라고 생각했었습니다. 도박은 점점 나 자신을 잃어버리고 내 인생에 없어서는 안 될 중요한 것이 되었습니다.

처음에는 가정집에서 시작했던 것이 모텔을 빌려서 하게 되었고 급기야는 도심에서 떨어진 외진 별장에서 도박을 즐기게 되었습니다. 그곳에는 검정 양복을 입은 사람들의 경호 속에서 각 방마다 많은 사람들이 도박에 심취해 있었습니다. 한마디로 나는 도박단에 빠진 것이었습니다. 그곳에서 돈을 딴다는 것은 쉬운 일이 아니었습니다. 중소형 기업 사장들이 많은 돈을 잃었습니다. 어느 기업체 사장이라는 사람은 집, 공장, 땅 등 수십 억 대의 돈을 잃기도 했는데 이런 사람들이 너무도 많습니다. 이 도박단들은 서울을 기점으로 각 도시마다 조직적으로 운영이 되었고, 돈이 있을만한 사람들을 도박판으로 끌어들였습니다. 이렇게 도박단에 빠져든 나는 도저히 나 스스로 그곳을 빠져나올 수 없을 지경이 되었습니다.

하루 이틀 점차 외박하는 날이 늘어나게 되었고 그럴 때마다 요리조리 열심히 아내에게 거짓말을 해야만 했습니다. 그러는 사이 제대할 때 받은 퇴직금과 그동안 모아 놓은 돈은 물론이고 살고 있는 아파트까지 아내 몰래 팔아 전부 도박으로 탕진하고 말았습니다. 이 지경이 되었음에도 아내는 여전히 천사처럼 나를 믿고 신뢰했습니다.

도박을 알기 전까지의 나는 군대에서도 표창장도 여러 번 받았고 아내와 참으로 행복하게 살았기 때문에 아내는 나에게 의심의 눈초리 한 번 보내지 않았습니다. 그런 아내를 생각할수록 마음은 조급해지고 어떻게 해서든 만회를 해 보겠다는 일념에 인간도 아닌, 양심마저도 화인 맞아버린 짐승만도 못한 처지가 되었습니다. 날로 초췌해져 가는 모습에 착하기만 했던 아내의 눈초리가 변하기 시작하더니 드디어 모든 것이 발각되고 말았습니다.

퇴직금이며 그동안 저축해 두었던 돈, 아파트까지 팔아버린 사실을 알게 된 아내는 제 정신이 아니었습니다. 저는 하늘이 무너져 내리는 것 같은 막막한 마음에 모든 것이 끝이라고 생각했습니다. 아무리 잘못했다고 아내를 달래고 빌어도 소용이 없었습니다. 한결같이 믿고 신뢰했던 남편이 도박으로 가산을 탕진하고 만신창이가 되어버린 현실을 받아들이지 못하는 것이 너무도 당연하게 생각되었습니다. 끝내 나는 집을 나와 다시 도박단으로 갔습니다. 그리고 몇 개월 동안 집에 들어가지 않았습니다. 어떻게 해서든 탕진한 돈을 되찾아 아내에게 가리라 마음먹었지만 결과는 빚만 늘어갔습니다.

그렇게 집에 들어가지 않는 동안 아내는 저를 찾기 위해 이리저리 수소문하여 도박장마다 찾아다니던 끝에 나를 찾게 되었습니다. 집을 나가기 전보다 더욱 피폐해진 나의 모습을 보자마자 땅바닥에 주저앉아 "엉엉" 울면서 너랑 나랑 여기서 죽자고 소리쳤습니다. 착하디 착한 여자, 오직 예수님만 믿고 가정에 충실하며 한결같이 나를 남편으로 믿고 신뢰하며 살아왔던 여자가 사납게 변했습니다. 예전 아내의 모습은 찾을 수가 없고 헝클어진 머리에 미친 듯이 울부짖는 여자를 겨우 달래서 집으로 돌아왔습니다.

몸은 그렇게 돌아왔지만 예전 같지 않은 아내의 모습을 볼 때마다, 탕진한 돈과 갚아야 할 노름빚을 어떻게 해서든 되찾겠다는 일념으로 견딜 수가 없었습니다. 도박이란 것이 참으로 사람이 할 짓이 아니라고는 생각이 들면서 도박단들을 다 죽이고 싶은 복수심이 복받쳐 저를 괴롭게 했습니다. 변해버린 아내와 돈 그리고 죽이고 싶다는 증오심은 또다시 저를 도박단으로 이끌어 냈습니다.

그러던 어느 날, 아내가 도박장에 나타남으로 인해 도박에 종지부를 찍는 사건이 일어났습니다. 오랜만에 큰돈을 챙기는 순간 아내가 돈을 챙기는 저의 손등에 칼을 꽂았습니다. 현장은 순간 아수라장이 되었고 갑자기 들어 닥친 경찰과 형사들에 의해 모두 끌려갔습니다.

나날이 아내는 날카로워지기만 하더니 하루는 이혼서류를 가져와 도장을 찍어달라고 했습니다. 저는 아내에게 사정을 했습니다. 내가 잘못했으니 이혼만은 안 된다고 했습니다. 아이들에게는 아버지로써 꼴이 아니었지만 그래도 이혼만은 하고 싶지 않았습니다. 날마다 이혼해 달라는 아내로 인해 괴로워하던 중 아내가 섬기던 교회 집사님을 통해 서샬롬 목사님을 만나 저희 부부는 상담을 받았습니다. 아내도 많이 책망을 받았고 이혼서류를 그 자리에서 찢어 버렸습니다.

서 목사님을 통해서 '하나님과 관계없이 받는 고통들'을 알았고, 하나님이 내 아버지시라는 것을 믿게 되었고, 예수님이 나의 구세주이시며, 성령님이 나와 함께 하심을 알았습니다. 지금 죽어도 천국 가는 것을 믿게 되었고, 2천 년 전에 제 불행과 저주와 질병을 다 가져가셨음을 알게 되었습니다.

이제 내 마음 중심에 예수 그리스도만 모시고 살아야 하는 것을 알았습니다. 아내도 그 자리에서 심령의 치유를 받았고 새로운 피조물로 확신했습니다. 이 시간까지 악한 원수 마귀에게 속아서 살아왔던 것을 분개하고 회개했습니다.

그동안은 도박에 빠지면 빠질수록 그것이 제 생각인줄 알았습니다. 돈을 잃으면 잃을수록 내 마음이 강팎해지고 황폐하게 되는 것이 나라고 생각했습니다. 내가 아닌데 나 자신이라고 믿고 살아 온 것이 죄며 형벌인 것을 알았습니다. 결국 도박은 또 하나의 세계를 보게 하였고, 저와 같이 도박에 빠진 자가 있으면 그를 치유하라고 강한 훈련을 받았다는 감동을 받았습니다.

지금은 하나님의 은혜로 섬기는 교회 장로님의 회사에서 열심히 직장생활하며 집사가 되어 교회에 봉사하며 섬기고 있습니다. 저희 부부를 회복시켜 주시고 영광을 받으신 하나님을 찬양합니다.

동성애자

"저는 목회자입니다. 저 같은 사람도 치유받을 수 있나요?"

대뜸 전화하여 이렇게 첫마디를 시작했던 그는 몇 시간이 지나서 나를 찾아왔다. 키가 182cm 정도 되어 보였고, 눈에는 눈빛이 없고, 충혈되어 있었는데 누군가에게 쫓기는 인상이었다. 그는 조심스럽게 말문을 열었다.

"서 목사님! 동성연애는 큰 죄지요? 저는 오랫동안 동성연애를 한 자입니다. 목사님을 찾아오면서도 전철 안에서 일간지를 사서 보았습니다. 연예인 편을 읽었습니다. 갑자기 시선이 멈춘 곳은 잘생긴 몸짱 남자 연예인 사진이었습니다. 저도 모르게 침을 흘리고 있었고 주체할 수 없는 욕망에 사로잡혀 상상의 쾌락을 느끼면서 여기까지 오게 되었습니다. 지금도 그 사진 생각으로 꽉 차 있습니다.

하나님께서 저를 버리신 것일까요? 그렇지 않고서야 어떻게 사진만 봐도 흥분을 감추지 못하고 쾌락 속으로 들어갈 수 있을까요?

저는 어릴 때부터 남자 아이들과 노는 것보다 여자 아이들과 노는 것이 편했고 좋았습니다. 목사님! 제가 유전인가요? 아니면 내 안에 음란 마귀 때문인가요? 저는 3대째 믿는 독실한 그리스도인의 가정에서 태어나 오늘날까지 술, 담배를 전혀 못 하는 모태신앙을 가진 자입니다. 청소년 시기 때부터 대중목욕탕을 들어가 홀딱 벗고 남자들이 목욕하는 것을 보고 있노라면 얼굴이 발갛게 달아오르면서 아랫도리가 힘이 들어가고, 혹시나 목욕하는 사람들 중에 저를 보면 어떻게 하나 하면서 아랫도리를 수건을 가리고 목욕을 했습니다.

대학교 시절부터 서서히 나타나기 시작한 저의 동성애적 성향은 군에 들어가면서 본격적으로 드러났습니다. 틈만 생기면 장소와 관계없이 동성연애를 했습니다. 너무 좋았고 황홀해 깊이 빠져버렸습니다. 하나님 앞에 죄인 줄 알면서도 아랑곳하지 않고 남색에 몰두했습니다.

제대 후에는 남색이 잘 이루어진다는 24시간 사우나탕을 찾아가 밤낮으로 쾌락을 즐겼습니다. 정말 지상 낙원이었습니다. 과연 천국에도 이런 쾌락이 있을까? 순간순간 벗어나야겠다고 몸부림을 치지만 치면 칠수록 늪 속으로 빠져 들어갔습니다. 눈을 뜨든 감든, 심지어 꿈속에서조차 남색 하는 생각으로 사로잡혀 있었습니다. 밥을 먹지 않아도 좋았습니다. 투명인간이 되어 신체 좋고 건강한 남성들이 샤워하는 곳으로 가서 그들과 관계를 갖고, 유명 탤런트나 배우, 운동선수들과 관계를 해보았으면 하는 것이 제 꿈이었습니다. 그러면서도 하나님을 의식했지만, 저는 어느새 24시간 사우나탕에 와 있는 저를 발견하곤 했습니다.

장기 금식도 하였고, 철야 작정기도도 했고, 안찰도 받았고, 은사자나 능력 있는 목사님들에게 안수도 받아보았고, 심지어는 귀신을 잘 쫓아낸다는 베뢰아 김○○ 씨를 찾아가 저를 맡겨보았지만 요지부동이었습니다. 다른 사람들은 삥삥 나가자빠지며 거품도 물고 귀신이 나갔다고 하는데 저는 소용이 없었습니다.

하나님과 관계없이 받는 고통들

그 후 저는 신학교에 들어갔습니다. 혹시 신학교에서 선지 생도로 훈련받으면 치유받을지도 모른다는 믿음이었습니다. 그러나 그것은 생각뿐이고, 다시 24시간 사우나탕을 갔습니다.

세월이 흘러 목사가 되고, 결혼도 했으며, 아홉 살 된 딸이 있습니다. 목사의 신분을 가지고도 부끄러운 일을 서슴지 않고 했습니다. 목사가 되고 나니 더더욱 자책감에 빠지게 되고 죽고만 싶을 정도입니다.

교회를 개척하여 6개월 되었는데 하나님께서 많은 성도들을 보내주셔서 40-50명 정도가 되었습니다. 말씀을 전하다가도 동성애자라고 들통 나면 어쩌나 하는 두려움을 떨치지 못하고 괴로웠습니다. 그래서 최근에는 24시간 사우나도 발을 끊었고, 신문, 잡지, 인터넷 등을 멀리하고 있습니다. 가장 힘들 때가 사우나탕을 못 간다는 것입니다. 아내도 모릅니다. 저는 이 문제를 해결하고자 서 목사님과 상담을 했던 것입니다. 목사님은 얘기를 들은 다음 저에게 이와 같은 질문을 하셨습니다."

"이 시간까지 '하나님과 관계없이 받는 고통들'로 살아오셨군요. 하나님이 살아 계시는 것을 믿습니까? 목사님은 저를 만나기 위해서 성령 하나님의 인도함을 받았습니다. 믿으시기를 바랍니다. 절대 의심하지 마십시오! 그러면 묻겠습니다. 하나님을 누구라 부르십니까?"

"하나님이라 부르지요. 아니면 여호와 하나님이십니까?"

"하나님은 목사님의 아버지이십니다."

"그 순간 머리가 띵하면서 아찔했습니다. 기도할 때 늘 하나님 아버지를 서두에 고백했지만 아버지라고 믿지 못했었습니다. 또 예수님은 누구라 부르냐고 물으시기에 역시 아버지라 고백했더니 틀렸다고 하시면서 구세주, 구원자라고 가르쳐주셨습니다. 하나님을 아버지, 예수님을 구세주라 시인 못하면 천국에 갈 수 없다고 하시는데 그냥 믿어졌습니다.

그동안 저는 음란에 빠져서 머릿속으로는 알았지만, 믿지는 못했습니다. 성령님은 어디 계시는가를 물어 오시기에 제 마음속에 있다고 고백했습니다. 서 목사님은 '맞다'고 하시면서 이사야 53장 5절과 마태복음 8장 17하반절을 저에게 적용하시면서 100%로 믿으라고 하셨습니다. 이미 2천 년 전에 더러운 음란, 성적타락, 모든 죄와 질병과 불행을 다 가져가셨다고 믿으라 하셨습니다. 처음에는 워낙 음란 귀신에게 붙들린 상태라 믿어지지 않았습니다.

다시 한 번 목사님께서 손수건을 가지고 제 가슴에 댔다가 팔을 뻗어서 저쪽을 가르치면서 더러운 음란죄와 질병, 두려움, 불행을 짊어지시고 가져가셨다고 하는 순간에 제 몸에서 이상한 물체가 빠져나가면서 뒤로 쓰러졌습니다. 그리고 꽤 시간이 흘렀습니다. 제 몸은 찬물을 끼얹은 듯이 바닥에 붙어서 냉각 상태가 되었고 추었습니다. 몸을 가눌 수가 없었습니다.

그 후 서 목사님의 목소리만 들려왔습니다. '두려워하지 말라 내가 너와 함께 함이라', '평안을 너희에게 끼치노니…' 하는 말씀들이 마음속으로 들어오면서 평안해졌습니다."

하나님과 관계없이 받는 고통들

"예수의 이름으로 명하노니 이 악한 더러운 음란 귀신아 떠나가라."

"이 명령을 듣는 순간, 갑자기 제 속사람이 믿음이 생기면서 영안이 떠져 나를 위해 고통당하신 예수님의 얼굴과 손과 발, 옆구리의 창 자국이 보였습니다. 마지막 피 한 방울이 제 얼굴에 떨어지면서 저는 흐느껴 울기 시작했고, 마음을 찢는 아픔을 겪으면서 회개하며 엉엉 울었습니다.

'나사렛 예수의 이름으로 일어나라!' 하는 소리와 함께 저는 자리에서 일어났고, 몸을 제대로 가누지 못했습니다. 마음이 평안하였고, 몸이 가벼워졌으며, 아무 생각이 없었습니다. 오직 하나님께 감사를 드렸고, 서 목사님께 감사했습니다. 더 이상 속지 않으리라 결심했습니다.

이 시간까지 악한 마귀와 귀신에게 속아 살아온 것을 분하게 여기며, 오직 예수님만 바라고 믿고 증거 하는 자가 되어서 남색에 빠진 자들을 구원해야겠다는 믿음의 확신이 생겼습니다. 그들을 구원시키려고 내가 이러한 경험을 하게 되었구나 생각했습니다.

그리고 서 목사님의 말씀치유집회에 참석하여 말씀을 받으니 마음이 담대해지고 강해졌습니다. 저를 치유하신 하나님 아버지께 감사와 찬송을 돌립니다. 이제 남은 생애를 주를 위해 살겠습니다."

정신분열증을 치유 받음

저는 40대 초반의 개척 교회 목사입니다. 전도사 때 1996년 3월 섬기던 교회의 담임목사와 심하게 다투었습니다. 그 후 사역은 그만두고 잠도 이루지 못하고 고민을 했습니다.

'혹시 하나님께 혼나는 것은 아닐까, 아내의 몸 안에 자라고 있는 아기에게 문제는 없을까' 등의 생각으로 뒤척이다 보니 새벽이 되었고 많이 피곤했습니다. 그러다 잠이 들었고 아침 늦게서야 일어났는데 몸이 으슬으슬 추운 것이 감기 몸살이었습니다.

하루가 지나고 이틀이 지나고 일주일이 되어도 차도가 없어 약국에 가서 약을 지어 먹었습니다. 한 달이 지나도 감기몸살은 여전했습니다. 그러면서 배가 살살 아프기 시작하여 대변을 보는데 피똥이 주먹만큼 나오는 것이었습니다.

그리고 성기가 헐면서 피부가 벗겨지고 발바닥이 썩어 들어가는 것이었습니다. 큰일 났다 싶어 병원을 찾았고 혹시 암 일수도 있다는 생각이 스쳐지나 갔습니다. 아니나 다를까 담당의사가 하는 말이 암일지도 모르니 내일 조직검사를 하자는 소리에 충격을 받아 밤잠을 이루지 못하고 환청까지 들리기 시작했습니다. 무섭고 두렵고 이러다가 죽는 것 아닌가 괴로워하다가 정신과에 가서 진단을 받아보니 정신분열증세가 왔다는 것이었습니다. 정신과 약을 복용하면서 안정을 찾으려 했지만 해가 거듭되어 어느새 5년 가까이 정신과 약을 복용하였습니다. 하나님을 의지하기보다는 약을 하나님처럼 의지하며 살았습니다.

그러던 어느 날 예수님을 잘 믿는 정신과 담당의사가 이렇게 권하는 것이었습니다.

"전도사님, 걱정 마세요. 예수님께서 고쳐주실 테니 약만 의지하지 말고 하나님께 전폭적으로 매달리세요."

저는 그때부터 뜨거운 눈물을 흘리면서 회개를 하였고 하나님만 의지하기 시작했습니다. 능력이 있고 치유 은사자를 찾아가서 안수기도도 받았고 금식과 작정기도도 하였고 안찰도 받아보았습니다. 어떤 목사는 제 두 눈을 찌르면서 귀신아 나가라고 고래고래 소리를 지르면서 축귀도 하였고, 3일 동안 몽둥이로 귀신을 쫓아내야 한다고 해서 매도 맞았습니다. 예배드리다가 발작이 일어나면 예배 중임에도 불구하고 얻어맞았습니다.

금식기도원에 가서 하루에 4번씩 예배를 드렸지만 조금 좋아졌다 싶으면 또다시 고통이 엄습했습니다. 그러다 보니 몸과 마음은 만신창이가 되어버렸습니다. 베뢰아 김○○ 씨를 찾아가서 쓰러지기도 하였지만 제 병은 고치지 못했습니다. 약을 오랫동안 먹다 보니 위와 간이 나빠졌고 한 번에 15알에서 20알 정도를 눈 깜짝할 사이에 먹어 치웠습니다. 가만히 나 자신을 보니 약을 먹는 것이 아니라 약이 나를 먹고 있었습니다.

그 후 하나님의 은혜로 몸이 점점 좋아져서 다시 전도사 사역을 하였습니다. 그러나 제게는 평강이 없었습니다. 늘 불안하고 초조하고 두렵고 죽고만 싶었습니다.

어느 날, 국민일보에 서샬롬 목사님이 강서구 ○○회에서 말씀치유집회를 한다는 광고를 보게 되었는데 마음이 기뻤습니다. 이름 있는 부흥사는 아니었지만 성함을 보니 '얼마나 평안하시면 샬롬이라 이름을 지었을까' 하면서 저도 모르게 웃고 있었습니다.

아내와 함께 말씀 치유 집회에 갔습니다. 찬양도 같이 부르고 말씀도 들었지만 제게는 요동함이 없었습니다. 둘째 날 저녁에 마귀론 '내가 아니요'를 말씀하시는데 제 속에서 뜨거움이 솟구쳐 올라왔습니다.

서 목사님을 꼭 만나야겠다는 결심을 갖고 집회가 끝나자 저희 내외는 서 목사님의 숙소로 찾아갔습니다. 이미 많은 성도님들이 상담을 받으려고 줄지어 있었습니다. 제 차례가 되었고 대뜸 전도사님은 "하나님을 누구라고 부르십니까?" 하고 묻는 것이었습니다. 그분은 "나의 구원자"라고 작은 소리로 대답했는데 틀렸다고 했습니다. 다시 물으시기에 "여호와 하나님"이라고 했는데 또 틀렸다고 하시면서 "하나님은 전도사님의 아버지세요." 하시면서 제 허벅지를 손바닥으로 딱 때렸는데 그 순간 저는 깜짝 놀랐고 눈에서 눈물이 핑 돌면서 마음이 확 풀렸습니다. 그러면서 방안이 환하게 보이고 서 목사님의 얼굴에서 광채가 났습니다.

이번에는 "예수님은 전도사님과 어떤 관계입니까?" 하고 물으시기에 뭐라고 말해야 할지 몰라 머뭇거리고 있자 바로 2천 년 전에 나의 죄와 질병과 가난, 불행, 저주를 짊어지시고 십자가에서 피흘려 돌아가시고 3일 만에 부활하신 분이라고 다시 정립시켜 주시면서 그분이 바로 전도사님의 "구세주"라고 가르쳐 주셨고 저는 "아멘"으로 대답했습니다.

또한 성령님이 어디 계시냐고 물으시기에 제 안에 계신다고

하나님과 관계없이 받는 고통들

말을 하였더니 "맞다"고 하시면서 지금 우리 눈에는 보이지 않지만 내 안에 영으로 오셔서 지금 함께 하신다고 하셨습니다. 그 말씀을 듣는 순간 정신이 시원해지면서 막 웃음이 터졌습니다. 정말 성령 하나님이 내 속으로 쏙 들어오시는 것을 체험했습니다.

그 후 이사야 53장 5절과 마태복음 8장 17하반절 말씀을 적용하시면서 안수 기도하시는데 갑자기 울컥해졌고 다시 울기 시작하였으며 내가 지금까지 '하나님과 관계없이 받는 고통들'을 받으며 살아왔구나! 생각이 들면서 악한 원수 마귀를 저주했습니다. 동시에 축 쳐진 나의 몸이 힘을 얻으면서 하늘로 오르는 체험을 했습니다.

'내가 아니요'를 진작 알았더라면 얼마나 좋았을까요? 저는 다시는 속지 않으리라 결심을 하면서 그동안 먹어왔던 여러 가지 약들을 끊어 버렸습니다. 그리고 서 목사님과 교통하면서 신대원에 입학했고 하나님의 은혜로 졸업 후 목사안수를 받고 개척을 했습니다.

교회 사역을 하면서 서 목사님의 능력을 갑절로 받게 해달라고 간절히 기도했더니 정말 하나님께서 제게도 능력을 주셔서 정신질환을 앓고 있는 분이 저를 통하여 치유받았습니다. 그분은 너무 기뻐하며 그 감사함의 표시로 교회를 이전해 주어서 지금은 아름다운 예배처소에서 열심히 전도하며 목회를 하고 있습니다.

또한 군소교단 신학교에서 교수로 쓰임 받고 있으며 서 목사님의 책을 교재로 쓰고 있습니다. 그런데 이상하게도 저희 교회 오시는 분들마다 저하고 같은 질병을 앓는 분들을 보내 주셔서 고침 받고, 치유 사역하는 목회자가 되었습니다.

썩고 부패하여 악취를 풍기던 저에게 서샬롬 목사님을 보내 주셔서 치유하신 하나님을 찬양합니다. 저는 외칩니다. 성도 여러분! 삼위일체 유일신 하나님과 성경에 기록된 말씀을 100%로 믿어보세요. 그러면 여러분도 영육이 치유받으며 행복한 삶을 살 수 있습니다!

산후통과 악성빈혈 그리고 위장병

한 교회를 섬기고 있는 사모입니다. 남편 목사님께서 개척하여 오늘에 있기까지 목사님 뒷바라지를 하면서 교회를 섬겼습니다. 개척교회다 보니 제가 돈을 벌어야 했습니다.

어느 날부터 시작된 산후통과 악성빈혈, 위장병으로 고통받고 있습니다. 처방된 약을 복용하면서 기도로 매달리고 있었습니다. "따르릉" 전화가 와서 받아 보니 알고 지내는 권사님이셨고 권사님은 서 목사님 얘기를 하셨습니다. 그리고 상담을 하였습니다.

"사모님! 고생이 많았습니다. 그런데 질병을 잘 인정하시고 잘 믿으시네요. 자꾸만 질병이 나 자신이라 하니, 그 질병이 사모님 몸속에서 떠나지 않습니다. 그리고 사모님은 그 질병과 교회 개척으로 인하여 감사를 잃어버렸습니다. 아프면 누구 손해입니까? 결국 아픈 것은 남편이나 누구도 대신 할 수 없습니다.

그러나 사모님의 아픔을 대신할 분이 있습니다. 그분도 사모님의 남편 되십니다. 바로 영원한 남편이신 예수 그리스도이십니다. 믿어지시나요? 제가 묻겠습니다. 하나님을 누구라 부르십니까?"

"저~ 하나님은 하나님 아니세요?"

"틀렸습니다. 사모님은 여기에서 막히셨네요. 이것이 '하나님과 관계없이 받는 고통들'입니다. 사모님! 기도하실 때 하나님 아버지 하시고 기도문을 여시지요. 바로 그분이 바로 사모님의 아버지예요."

그랬더니 소리 내서 우셨다.

"자! 눈물 뚝 하시고, 예수님은 사모님의 누구세요."

"그분도 하나님 아버지세요. 틀렸습니다."

"그분은 사모님의 구세주이십니다."

"성령님은 어디 계세요."

"네. 제 마음속에 계십니다."

"맞습니다. 성령을 통하지 않고서는 하나님을 아버지, 예수님을 구세주로 부를 수 없습니다. 자! 그럼 사모님 마음속에 산후통, 악성빈혈, 위장병이 있습니다. 그리고 개척 교회를 섬기시면서 당하는 고통과 부담들이 다 여기 있습니다. 그런데 예수 그리스도께서 이 모든 질병과 마음의 병들을 짊어지시고 2천 년 전에 다 가져가셨습니다. 그럼 이 마음속에 있어요! 아니면 없습니까? 100% 믿으세요."

"네. 없어요. 목사님! 예수님이 다 가져가셨어요."

바로 마가복음 16장 16-18절을 의지하여 기도해드렸다. 승리한 사모님을 본다. 자유하게 되셨음을 본다.

저혈압, 관절염, 불면증

"서 목사님! 저는 51세 된 여 집사입니다. 저혈압과 관절염, 두통, 불면증으로 살아가고 있습니다. 매일 약을 먹습니다. 약이 없이는 살 수 없을 만큼 약이 곧 저를 살린다 생각합니다. 예수님을 믿으면 다 치유받는다고 하는데 왜 저는 이런 질병으로 고통하며 살아갈까요?"

"집사님! 마음과 생각을 스스로 고치세요. 집사님의 못 된 믿음이 집사님 자신에게 고통을 주고 있습니다. 반항도 아니고… '예수님을 믿으면 다 치유받는데 나는 왜 이럴까요?' 이게 말이 된다고 생각합니까? 집사님은 이제까지 신앙생활을 하였지만 '하나님과 관계없이 받는 고통들'을 받고 있습니다. 질병은 잘 믿으면서 왜 예수님을 안 믿습니까? 집사님은 예수님보다 질병을 잘 인정하고, 믿으니 고통받는 것입니다. 집사님은 하나님을 누구라 부르십니까?"

"여호와 하나님."

"틀렸습니다. 하나님은 집사님의 아버지십니다!"

그러면서 손뼉을 쳤는데 집사님은 화들짝 놀라 울었다.

하나님과 관계없이 받는 고통들

"집사님은 집사님의 고집 때문에 이렇게 살아왔습니다. 자! 그럼 예수님은 누구세요. 답을 못하면 지옥갑니다."

"목사님. 예수님은 구원자 아니세요?"

"네. 맞습니다. 집사님의 구세주십니다. 성령님은 어디 계시 지요?"

"제 안에 계십니다."

"맞습니다. 집사님 안에 제 안에 계십니다. 예수님께서 집사 님의 모든 질병과 연약함을 모두 다 짊어지시고 2천 년 전에 가 져 가셨습니다. 그러면 아픈 게 있나요? 없나요? 아픈 게 좋아 요. 안 아픈 게 좋아요?"

"안 아픈 게 좋지요. 목사님!"

"다시 묻겠습니다. 예수님이 2천 년 전에 집사님의 질병과 연 약한 것을 다 가져가셨습니다. 그럼 아픈 게 있습니까?"

"아니요. 예수님이 다 가져가셨어요!"

"그럼 일어났다 앉았다 해보세요. 무릎 관절이 아픈지 안 아 픈지 느껴보세요."

"목사님! 하나도 안 아픕니다. 할렐루야!"

60세 된 권사

"저는 당뇨, 고혈압, 루마티스, 심장병과 합병증으로 살아갑 니다. 일찍 남편과 사별하고 5남매를 저 혼자 키웠습니다. 살아 있을 동안 남편의 도박, 알코올 중독으로 때론 교회 나간다고 얼 마나 핍박을 받으며 모진 매를 맞고 살았던 날들이 지긋지긋합 니다.

아이를 키우려고 보따리 장사부터 안 해본 일이 없을 정도였습니다. 이제는 아이들 시집 장가 다 보내고 마음 편히 살려 하는데… 여러 가지 질병으로 고통받으며 신앙생활하고 있습니다."

"권사님! 아직도 과거에 붙들려 살고 있어요. 바로 '하나님과 관계없이 받는 고통들'입니다. 열심히 사셨는데 그 누구도 권사님께 상을 준 사람이 없네요. 자녀들 시집, 장가 다 보내셨지만 남는 것은 아픈 것 밖에 없네요. 권사님! 권사님은 다양한 질병들이 많습니다. 그동안 수고하셨다고 당뇨, 고혈압, 루마티스, 심장병과 합병증이란 상을 받으셨네요. 누구한테 받은 상인가요?"

"마귀!"

"네. 맞습니다. 마귀가 준 것입니다. 권사님 수고하셨다고… 어때요 좋지요?"

"아니요. 안 좋습니다. 목사님, 농담하지 마세요!"

"농담이 아니라 진담을 말하는 것입니다. 생각해보세요! 믿음 생활 중에 핍박을 받으면서 이 시간까지 오셨지요. 자녀들도 기도로 잘 키우시고… 하나님의 은혜로 지금까지 살아오셨습니다. 그런데 하나님께서 기도하시고 열심히 신앙생활을 하시면 믿음을 지켜 여기까지 오셨는데 하나님이 질병을 주시겠습니까?

결국 자녀 잘 키우고 열심히 살아오셨는지는 모르나, 마귀가 주는 질병만 믿고 인정하고 있으니 그 질병들이 떠나겠습니까? 지금까지 속아서 살아오신 것입니다. 제가 묻겠습니다. 권사님

하나님과 관계없이 받는 고통들

은 하나님을 누구라 부르시죠?"

"하나님 아니십니까?"

"권사님은 하나님의 따님입니다. 딸은 하나님을 어떻게 부르나요?"

"아버지라 부르지요."

"네. 맞습니다."

하고 손뼉을 치니 권사님은 화들짝 놀라면서 울기 시작했다.

"권사님이 하나님 아버지를 안 믿고 다른 것을 믿고 살았으니 속상할 것입니다. 예수님은 누구라 부르십니까?"

"그분도 하나님으로 믿고 있습니다."

"권사님! 틀리셨네요. 예수님은 권사님의 구세주입니다."

"그럼 성령님은 어디 계십니까?"

"제 안에 계십니다. 목사님!"

"맞습니다. 권사님이 100% 질병을 믿고 살아 온 결과 고통뿐이시죠? 자! 이제 제 눈을 쳐다 보세요. 하나님 아버지, 예수님 구세주, 성령님을 믿고 질병에서 나음을 받읍시다. 자! 여기 손수건이 있습니다. 이 손수건 안에 모든 질병, 당뇨, 고혈압, 류마티스, 심장병과 합병증이 있습니다. 그런데 질병이 들어 있는 손수건을 예수님께서 2천 년 전에 가져 가셨습니다. 그러면 이 질병이 있어요? 없어요?"

"없습니다."

"네. 맞아요!"

다시 한 번 손뼉을 쳤더니 깜짝 놀라시면서 엉엉 우셨다.

"마음 한구석에 뭉쳐있든 덩어리가 빠져나갔습니다. 목사님 감사합니다."

마가복음 16장 17-18절 말씀 의지하여 기도해드렸다.

왼쪽 귀가 안 들립니다

"저는 중소기업을 하는 CEO이며 한 교회의 장로입니다. 얼마 전부터 왼쪽 귀가 안 들립니다. 금식기도원에서 장기 금식기도도 하였고, 기도도 받았습니다. 원인이 교회 일로 담임목사님과 대립하였다는 생각이 들더군요. 하나님께서 내게 주신 벌이라 생각하니 너무 가슴이 아픕니다. 눈물로 회개하였고, 다시 들리게 해주실 것을 믿고 믿음으로 나아갑니다."

"장로님! 하나님은 목사님과 대립했다고 벌주시는 그런 삭막한 분이 아니십니다. 귀가 안 들리는 것도 억울한데 벌 받았다 생각하니, 그 귀가 치료가 되겠습니까? 장로님! 이것이 다 '하나님과 관계없이 받는 고통들'입니다.

일단 하나님이 벌주셨다. 목사님과 대립하여 귀가 안 들린다 하는 연결고리를 끊어 버립시다. 다시 말해서 연관시킨 생각을 분리시키세요. 지금! 이미 예수님이 2천 년 전에 가져가셨음을 믿으시죠?"

"아멘!"

"자! 제가 왼쪽 귀에다 손뼉을 쳐보겠습니다. '짝!' 소리가 들리나요?"

"'웅' 하는 소리가 들립니다."

"소리가 안 들린다 하고 내 것으로 인정하는 이상 소리를 영원히 못 들을 수 있습니다. 지금 안 들리는 것은 내가 아닙니다. 속지 마세요. 손수건으로 도와드리겠습니다. 저의 눈을 보세요! 장로님 마음에 '목사님과 대립했기에 하나님으로부터 벌 받았다.' 하는 생각에 붙들려 있습니다. 소리가 안 들린다는 죄책감이 다 여기 있습니다. 그런데 예수님께서 2천 년 전에 다 짊어지시고 갈보리로 올라 가셨습니다. 그러면 소리가 들릴까요? 안 들릴까요?"

장로님은 조금 머뭇거리더니

"목사님! 목사님의 목소리가 가늘게 들립니다. 할렐루야! 아멘."

"계속 예수님을 의지하시고 감사하세요. 믿음대로… 담대하게 하세요. 제가 장로님 왼쪽 귓속에 대고 성경말씀을 읽겠습니다. '예수님이 채찍에 맞음으로 나음을 입었도다.' 들으셨으면 얘기해보세요."

"목사님 또렷이 들립니다. 예수님이 채찍에 맞음으로 제 귀가 나음을 받았습니다. 하나님께 모든 영광을 돌립니다. 감사합니다."

장로님은 눈시울을 적셨다!

신세타령, 팔자타령

"저는 순복음교회를 다니는 권사입니다. 무릎관절로 인하여 너무 아파서 인공관절을 하였지만 너무 힘듭니다. 오랫동안 지하철 입구에서 분식집을 하였습니다. 눈, 코 뜰 새 없이 편히 앉을 시간도 없이 일했습니다.

이제는 주님을 찾기보다는 신세타령, 팔자타령을 하고 있습니다. 무엇보다 더 예수님을 믿지 않는 남편으로부터의 핍박이 너무 서럽습니다."

"권사님! 고생도 많이 하셨고, 수고도 많이 하셨네요! 현재 분식집을 다른 사람에게 넘길 수 있는 형편도 못 되고… 예수님 믿는다고 핍박은 계속되고… 그러나 지금은 무릎관절로 아픈 것과 핍박받는 것보다는 생각과 마음이 빼앗겨서 살고 있으니 그게 더 문제입니다. 일단 빼앗긴 생각과 마음부터 치유받으면 무릎관절 아픈 것도 치유됩니다. 권사님은 하나님을 누구라 부르세요?"

"주님입니다."

"틀렸습니다. 주님이 아니시고, 아버지라 부릅니다. 예수님은 권사님의 누구신가요?"

"구원자입니다."

"네. 맞습니다. 다시 말해서 구세주라 합니다. 성령님은 어디 계신가요?"

하나님과 관계없이 받는 고통들

"제 안에 계십니다."

"네. 맞습니다. 권사님 안에 내주하시고, 서 목사 안에도 계십니다. 이 사실이 믿어지면 권사님은 지금 죽어도 천국 갑니다."

권사님은 눈물을 보이시면서 흐느끼기 시작했다.

"권사님! 권사님께서 빼앗긴 생각, 마음 그리고 무릎관절로 고통하신 것 전부다 '하나님과 관계없이 받는 고통들'입니다. 괜찮습니다. 자! 이 손수건 안에 영적, 정신적, 육적인 병이 있습니다. 예수님께서 2천 년 전에 다 가져가셨습니다. 100% 믿으시면 치유를 받습니다. 자! 아픈 게 어디 있지요?"

잠시 망설이다가 대답하셨다.

"맞아요! 예수님이 다 가져가셨어요! 할렐루야!"

"그럼 앉았다 일어났다 해보세요! 어떻습니까?"

"네. 목사님! 아까 목사님을 만나기 전까지 많이 아팠었는데… 지금 괜찮습니다."

"축하드립니다!"

2) 일반적으로 공통된 고통의 사례들 소개

＊＊＊일반적인 고통을 당하는 내담자들이 보내온 문자 또는 이메일 서신이다. 이 모두가 똑같은 '하나님과 관계없이 받는 고통들'이 공통된 답이기에 내용 그대로 기재한다.

다 포기하고 싶어요

유아세례를 받고 교회를 다녔으나 몇 년간 힘들고 고통스러운 나날들이 계속되어 한때는 사람으로서 하지 말아야 할 생각을 하면서 살았어요. 너무 힘들어 정말 다 포기하고 싶어요. 어릴 때부터 유아세례를 받고 교회를 다녔으나 성인이 되면서 교회를 멀리하였습니다. 결국 저에게 찾아온 것은 고통뿐입니다.

요즘 너무 혼란스러워요

주님! 저는 연약한 존재입니다. 매일 쓰러지고, 넘어집니다. 그리고 방황합니다. 그래서 요즘 너무 혼란스럽습니다. 예수님! 제 주변의 신앙인들은 예수님을 만나 가장 행복해하며, 간증하며 삽니다. 그런데 저는 왜 이렇습니까? 저도 예수님께서 만나주세요.

인간들에게 배신당하고

주님! 이 세상에 살면서 제가 못 나서 잘못 살아왔는지는 모르지만 살아온 길을 뒤돌아보면 그다지 잘못 살아왔다는 생각이 들지 않습니다. 원수 같은 인생 때문에 내 인생 망가지고 그래서 지금은 마음을 비우고 삽니다. 모든 사람들에게 크게 나쁘게 한 일도 없고, 그러나 나를 미워하고, 나를 바보 등신으로 우습게 보는 인간들에게 배신당하고, 상처를 많이 받았습니다. 또 저 때문에 상처 입고 힘든 사람들로 또한 내 자신이 화가 납니다. 저도 나에게 상처 준 사람들을 용서하고, 그들도 저를 용서해주도록 주님이 도와주세요.

하나님과 관계없이 받는 고통들

이담에 제가 죽거든

주님! 주님! 주님! 내게는 오직 주님뿐입니다. 주님만 바라보고 주님만 따를 뿐입니다. 저의 주변에 악의 무리들을 쫓아 주시옵소서. 저의 마음을 조종하고 온갖 질병으로 시달리게 하고, 괴롭히며 고통을 주는 사탄, 마귀, 귀신들을 물리쳐주시옵소서. 어디를 가든 어디서나 주님만 의지하게 하시옵소서. 이담에 제가 죽거든 저의 손을 꼭 잡고 천국으로 이끌어주시옵소서. 저의 부모형제 그리고 저에게 허락한 어린자녀들도, 모두모두 천국에서 만나 천국 가정을 이루게 하소서. 죽음을 앞둔 성도가.

제 자신이 사명자

주님! 힘든 하루를 보내고 있습니다. 일 때문에 지치고, 사람들 때문에 힘든 하루하루를 보내네요. 제가 선 곳이, 바로 이곳이 선교지이며, 사명자의 땅이기 때문입니다. 저는 제 자신이 사명자인 것을 굳게 믿습니다. 그런데 왜 저는 사람들을 밀어낼까요?

저는 버림받은 자일까요?

2년 전 자살하려고 강물에 뛰어들었습니다. 살아가는 것이 너무 힘들고 괴로웠습니다. '나는 왜 예수님을 못 만났을까!' 하고 자책하며 삽니다. 어릴 적에 교회를 열심히 다녔어요. 사는 것이 부질없다고 생각이 듭니다. 저는 버림받은 자일까요? 이제 와서 눈물로 회개하며 기도합니다. 지금 생각하면 저의 열등감과 교만과 죄를 깨닫게 됩니다.

죄에서 벗어나서

나의 주님 저를 용서해주세요. 넘어지고, 주님 앞에 설 수 없는 죄인입니다. 주님의 마음을 아프게 한 죄인입니다. 죄에서 벗어나서 자유하며 주님을 찬양하며 살기 원합니다.

밤마다 울면서

저의 아들이 10년이 넘도록 인터넷 게임에 빠져 살고 있었습니다. 정말 미쳐 버릴 것 같습니다. 날마다 아들과 싸우다가 지쳐서 고통하며 삽니다. 밤마다 울면서 기도했습니다. "주님! 제 아들을 인터넷 게임 굴레 속에서 벗어나게 해주세요." 때론 이 모든 것을 제 탓으로 알고 가슴을 쥐어짜며 살았습니다. 고통의 시간들을 벗어나서 지금은 그 아들이 컴퓨터 기사가 되었습니다.

남편에게 전해주세요

주님! 천국에 있는 남편에게 전해주세요. 너무 보고 싶다구요. 남편이 너무너무 보고 싶습니다. 미안하고, 고맙고, 사랑한다는 말을… 그리고 아빠 없이 살아가는 아이들을 잘 돌보아 달라고 해주세요.

내 영혼을 건져 주소서

주님! 힘들고 곤고한 내 영혼을 건져주소서. 마음이 다운되고 많이 힘드네요. 어떻게 믿어야 주님을 통해 위로를 받을까요?

하나님과 관계없이 받는 고통들

죽으면 지옥 가나요?

주님! 저는 죄를 많이 지었습니다. 이러다가 죽으면 지옥 가나요? 연약한 저를 불쌍히 여기시고 더 이상 죄를 짓지 않도록 막아주세요. 죄로 인하여 마음이 고통스럽습니다.

저를 도와주세요

주님! 곤란한 상황 속에서 많이 흔들리고 있습니다. 마음이 약해집니다. 거짓이 있고, 갈등하는 마음, 정함이 없는 마음으로 주를 향하는 마음이 약하더라도 저를 도와주세요.

용서할 수가 없어요

같은 주님의 자녀인데 죽이고 싶도록 미워집니다. 왜냐하면 그 사람으로부터 너무나 큰 상처를 받았기 때문입니다. 용서가 안 됩니다. "우리가 우리에게 죄 지은 자를 사하여 준 것" 주기도문을 하지만 실상 그를 보면 용서할 수가 없어요.

육신적인 아픔보다

척추측망증으로 자꾸 회사에서 그만두라고 합니다. 그 말을 들은 저는 정말 화가 납니다. 누구보다 더 열심히 일했습니다. 대개 아프면 위로해 주는 것이 아닌가요? 사실 제가 육신적인 아픔보다 더 아픈 것은 마음의 아픔입니다.

가슴이 메어집니다

몇 년 전에 어머니가 하늘나라로 가셨습니다. 오랫동안 병과 고통과 싸우면서도 저희 자녀들을 위해 기도하셨던 어머니! 육신은 한줌의 흙으로 자연으로 돌아가셨지만 영은 아프지 않는 곳으로 가셨음을 확신합니다. 그래서인지 어머니가 보고 싶을 때 가슴이 메어집니다.

다른 길로 빠지려고 합니다

하나님! 저는 약한 존재입니다. 하나님이 없이는 아무것도 할 수 없는 존재입니다. 이번에 합격도 하나님의 능력으로부터 된 것입니다. 그런데 저는 수능이 끝나고 너무 노는데 빠져 살고 있습니다. 또한 합격이 마치 제가 실력이 좋아서 된 것처럼 마냥 기뻐하고 있어요. 하나님께서 더욱더 믿음 생활 잘하도록 해주셨는데도 저는 망각하고 다른 길로 빠지려고 합니다. 제가 주님 안에서 살 수 있도록 도와주세요. 더 이상 하나님의 능력을 시험하지 않게 해주세요. 의심 많고, 믿음 없는 저를 하나님께 순종하며 살아가도록 도와주세요.

아버지를 천국으로

저는 시골 한적한 곳에서 교회를 섬기는 집사입니다. 아버지께서 갑자기 위독하시어 요양병원에서 치료 중에 있습니다. 제가 아들로서 잘 간병해드리고 아버지를 천국으로 인도할 수 있도록 주님 저를 도와주세요.

공부하다가도 핸드폰에만

15살. 시험 일 년 차. 주님! 공부하는 게 너무 힘들어요. 사탄

하나님과 관계없이 받는 고통들

에게 넘어가 농땡이 피기도 하고, 이런저런 일에 핑계를 하고, 시간은 없고, 공부하다가도 핸드폰에만 집중하게 되고, 엄마는 이 사실도 모르고 저를 위하여 기도하실 텐데…

나만 혼자서 제자리 걸음을 하고

주님! 저는 15살입니다. 내 집, 내 자리도 아닌 곳에서 하루하루 살아간다는 게 얼마나 힘든지… 다른 사람들은 자기 자리에 서서 자신이 가야 하는 길을 걷고 있는데, 나만 혼자서 제자리걸음을 하고, 사실 제 나이에 비해 아무것도 아닌데 정말 나는 혼자 유별 떠는 것은 아닌가 싶습니다. 그래도 내 마음을 알아주시는 분은 예수님이십니다.

주님! 도와주세요

주님! 혼자 있으면 매일 두렵습니다. 그리고 혼자 있으면 매일 고통스럽습니다. 주님 도와주세요. 두려움과 고통의 방에서 저를 꺼내어 주세요.

저도 군대에 갈 때가 왔는데…

주님! 대부분 제 친구들은 다 군대에 갔습니다. 저도 군대에 갈 때가 왔는데 두렵습니다.

무엇보다도 군대 생활 때가 가장 두렵게 느껴집니다. 항상 찾아오는 공허함을 치유해 주세요.

습득력도 떨어지고

45세의 교회 집사입니다. 4년차 시험을 앞두고 있습니다. 이번에도 떨어지면 제 길을 접겠습니다. 사실 제가 젊지도 않고 습득력도 떨어지고… 돈이 있으면 학원도 다니고 하면 좋을 텐데… 매일 아기 똥기저귀 갈아야 하고, 손빨래 가득한 환경과 그날그날 먹을 것을 염려해야 하는 환경뿐인데… 그래도 제가 주일학교 교사로 봉사할 때는 정말 열심히 했답니다. 주님! 이번에 합격시켜주셔서 아내에게 사랑의 빚을 갚게 해 주세요.

이렇게 아픈 사람을 놔두고

주님! 저는 하나님을 미워했습니다. 이렇게 아픈 사람을 놔두고 왜 침묵하시는지… 다 알고 계시면서… 얼마든지 고쳐주실 수 있으시면서… 그 이유를 지금은 이해를 못해도… 주님!

매일 싸웁니다

하나님 제 눈이 아픕니다. 저를 낫게 해주세요. 제 동생은 키가 안 자랍니다. 또 부모님은 싸웁니다. 매일 싸웁니다. 하나님께서 해결해 주세요. 부모님이 이혼만 안 하게 해 주세요.

따뜻하고 행복한 가정이 …

주님! 엄마 아빠가 심적으로 많이 힘들어해요. 행복이 사라진 지 오래되었어요. 하나님 안에서 다시 행복을 찾고, 따뜻하고 행복한 가정이 되게 해 주세요. 저희 가정이 변화되게 해 주세요.

하나님과 관계없이 받는 고통들

아직 철이 없는…

주님! 아직 철이 없는 16살 청소년입니다. 세상 노래면 무슨 노래든 다 좋아하고, 명예와 세상 친구, 옷과 육신을 꾸미는 것을 우상으로 삼고 죄도 많이 지어서 죄로 충만해져 있습니다. 하나님 아버지께 얼굴 들기도 힘든 상황까지 왔습니다. 제가 저를 보아도 용서가 안 됩니다. 저를 용서해주세요. 주님 앞으로 나아갈 수 있도록 도와주세요.

악에 둘러싼 죄인입니다

저는 악에 둘러싼 죄인입니다. 모든 것이 음탕하고, 잔인하고, 나쁜 것들로 가득 차 있습니다. 그럴 때마다 주님 앞에 회개하고는 또 죄를 밥 먹듯이 짓고 살아갑니다. 주 예수님! 저를 어찌해야 되겠습니까? 끝없이 죄를 짓고 삽니다.

주일은 온전히 교회에서…

제 남편은 어릴 때부터 교회를 다녔습니다. 지금은 교회를 나가지 않고 있어요. 그러다가 저와 같이 세례를 받았습니다. 저는 교회를 열심히 다니고 새벽예배, 수요예배, 금요철야, 그리고 주일은 온전히 교회에서 살다시피 합니다. 다시 말해서 주일은 전혀 집안일을 못 하고 있어요. 그럴 때마다 남편은 술에 취해 있고, 또한 매일 저녁 술에 취해 들어옵니다. 저는 많이 속상합니다. 얼마 전에는 노름으로 잃은 1,300만 원 정도 카드빚도 갚아주었습니다. 분명히 이제는 술도 안 마시고, 도박도 안 하고, 한결같이 저에게 다짐하고 또 다짐하지만 그때뿐이고 계속 반복하여 저를 힘들게 합니다. 차라리 다른 지역으로 이사하여 교회를 옮기고 교회 봉사를 줄이면 저의 남편이 정신을 차릴까요?

5대째 믿는 모태

저는 대구가 집이구요, 5대째 믿는 모태 신앙인입니다. 성경 지식으로 하나님을 누구보다도 잘 아는 청년입니다. 문제는 삶 속에서 성령님의 임재를 경험하지 못 하는 것입니다. 첫째, 성적 유혹에 자꾸 넘어집니다.(자위행위) 둘째, 교회 청년들은 방언을 하는데 나는 하지 못합니다. 셋째, "주님! 제가 주의 일을 하구요, 주 뜻대로 살았습니다." 하고 고백하지만 예수님께서 이르시되 "난 도무지 너를 알지 못한다!" 하신 성경 말씀이 꼭 저에게 하시는 말씀 같아서 두렵습니다.

한 사람 전도하기가 쉽지 않은데…

지금은 교회를 다니고 있지 않습니다. 그러나 제 마음 한구석에는 주님께서 계신다는 것을 확신합니다. 저는 제게도 묻는 것이지만 예수님을 믿는 직장 동료들과 교회를 다니는 친구들이 저에게 물어옵니다. "왜 교회를 나가지 않는가? 나도 하나님의 대하여 알고 싶다. 그러나 현실은 그렇지 않다. 첫째, 교회를 출석하다보면 나를 점점 끌어당긴다. 둘째, 시간적으로나 물질적으로나 부담이 된다. 사실 한 사람 전도하기가 쉽지 않은데 말이다."

이제는 제가 묻습니다. "첫째, 교회는 헌신하고 싶은 마음이 생기도록 기도하며 거리를 두고 간접적으로 접촉을 갖는 편이

하나님과 관계없이 받는 고통들

더 나은 방법이 아닐까? 둘째, 이런저런 이유로 성도들을 제한 하다보면 결국은 많은 교회 일들을 소수의 직분자들에게 돌아 가는데(성가대, 주일학교, 전도대원, 선교회 임원), 그러면 한 직분자가 여 러 일을 맡게 된다. 이런 경우 주님의 일을 한다고 때론 위로도 받지만 육신을 갖고 있는지라 오히려 시험들 때가 많다(특히 직장 인 경우). 그렇다고 일일이 목사님께 말씀드리기가 어려운 경우가 많다." 제가 바로 그런 케이스입니다.

교회는 항상 문이 열려있으면 좋겠다

'난 왜 우울할까!'하는 생각이 드는 것은 내 주변에 사는 모든 사람들이 우울해 보이기 때문일까? 성실히 살아가는 사람도 있 지만 악한 사람들의 소식을 접하면 우울하다. 나는 정말 정직할 까? 어제 가수 설리가 죽었다. 자살했나 보다. 그녀는 공황증과 우울증이 심했다고 한다. 얼마나 괴로웠으면 25살의 꽃다운 나 이에 죽음을 택했을까? 절망스럽다. 내가 다니는 교회 성도들만 큼은 우울하지 않았으면 좋겠다. 교회는 항상 문이 열려있으면 좋겠습니다. 훔쳐갈 것이 없는 게 교회라 생각이 든다. 기도와 비명 그리고 침묵이 어우러지는 장소, 곤고할 때 기댈 수 있는 장소, 욕하고 싶을 때 욕을 들어 줄 수 있는 장소가 교회라는 생 각이 든다.

세상의 유혹에서…

주님! 저는 죄 덩어리입니다. 죄로 인하여 슬퍼하며, 고통하 는 저를 바라보아 주세요. 열심히 예수님을 믿노라 하곤, 또 세상의 유혹에서 헤메이다가 이제는 아예 세상에 발을 담급니다.

국어책을 못 읽어서

예수님! 저는 어릴 때부터 머리에 충격을 받아서 인지 IQ지능이 70점 나오는 머리로 살고 있어요. 너무너무 힘들어요. 초등학교 4학년 때 일입니다. 국어책을 못 읽어서 선생님한테 혼나고, 매 맞고, 지금도 그 일을 생각하면 죽고 싶습니다.

세상을 창조하셨으니…

하나님께서 우리의 환경, 여건, 우리의 상태를 보시지 않죠? 하나님께서는 누누이 우리의 중심을 보신다고 했잖아요. 하나님은 저를 만드시고 세상을 창조하셨으니, 우리가 고통하고, 아파하고, 힘들어할 때 아시잖아요?

아픈 것은 심적인 고통입니다

주님! 저는요, 원치 않은 교통사고로 인하여 다리로 걷지 못해요. 저도 걷고 싶어요. 주여! 기적을 베풀어 주세요. 4년 5개월 동안 누워 있어요. 걷고 싶은 맘 굴뚝같지만, 그 보다 더 아픈 것은 심적인 고통입니다.

눈물만 나네요

주님! 아프고 상처받은 제 마음을 붙들어 주소서! 힘들고, 지치고, 괴로울 때 저를 떠나지 마시고 항상 같이 있어 주세요. 너무 고통스러워 눈물만 나네요.

하나님과 관계없이 받는 고통들

쓰레기 같은 인생이

주님! 쓰레기 같은 인생이 마지막으로 부탁드려보네요. 지금 밖에는 비가 주룩주룩 내리고 있습니다. 당장 서울에 올라가고 싶은 마음뿐입니다. 오갈 때 없는 이 몸, 빈 건물에서 쪽잠을 자다가 경비원에게 쫓겨 갑니다. 저도 한때는 조그만 사업을 하였던 사장이었습니다. 사업이 부도나서 가족은 뿔뿔이 흩어져 버리고, 저는 감옥에서 실형을 받고 이제 출소하여 겨우겨우 삽니다. 고시원비라도 벌어보려고 했으나 공사장에서 어깨를 다쳐 잘 힘을 못 씁니다. 선불폰도 끊어진 상태나 WIFI가 잡혀서 몇 글자 적습니다. 주 예수님! 저를 도와주소서.

늘 생각으로 죄를

주님! 항상 지켜주셔서 감사합니다. 그러나 늘 생각으로 죄를 짓네요. 주님 생각으로 가득 차야 하는데 음탕한 생각으로 충만하네요. 세상 쾌락에 잡혀 살아가는 제가 저주스럽습니다. 저도 거룩한 성도가 되게 하소서.

거룩한 손이 되게 하소서

더러운 내 눈, 손, 입, 생각에서 주를 바라보게 하소서. 항상 주님을 찬양하는 입술, 경배를 드리는 거룩한 손이 되게 하소서. 언제까지 저는 더러운 생각과 입으로… 손으로… 살아가야 하나요.

가족이 구원받기를

주님! 저는 죄가 많습니다. 지금도 죄를 먹고 마시는 죄인입니다. 주를 위해 살고, 죽는 자가 되게 하소서. 저희 가족이 구원받기를 간절히 소원합니다. 제가 주님 보시기에 깨끗한 사람이 되게 하소서. 그저 용서를 구합니다. 이 연약함을 용서해주세요.

저 혼자만 거룩한 척

우리는 그 누구도 정죄하거나 판단할 수 없습니다. 바리새인 같은 저의 종교적 성향을 지워주세요. 저 혼자만 거룩한 척, 믿는 척, 율법적인 사고로 많은 믿음의 사람들을 정죄하고 판단했습니다.

정말 간사하네요

주님! 힘들 때만 하나님을 찾네요. 마음을 비운다고 하곤 날마다 제자리… 사람 마음이 정말 간사하네요.

수많은 여성들에게

죄악의 길, 쾌락의 길, 마약, 도박까지 하여 나의 삶을, 나의 영혼을 사탄에게 팔았습니다. 수많은 여성들에게 속죄합니다. 마약을 팔고, 깡패 생활하여 수익을 내고, 많은 사람들의 영혼을 갈취하고 파렴치한 짓을 수도 없이 하면서 살았습니다. 용서받을 수 없는 것도 알고 있지만 회개합니다. 모태 신앙인으로서는 할 수 없는 것들을 골라했던 저를 용서해주세요.

하나님과 관계없이 받는 고통들

주님 앞에 깨끗한 모습으로

주님을 등지고 살아왔던 나날들을 후회합니다. 사탄으로부터 벗어나 오직 주님께로만 집중하게 하소서. 주님 앞에 깨끗한 모습으로 뵙기를 원합니다. 이 더러운 죄인이 회복되기를 눈물로 회개 기도합니다.

돈, 부자, 아름다운 미모를…

아버지 하나님! 저는 소원이 있습니다. 돈, 부자, 아름다운 미모를 갖기를 원합니다. 그리고 천국을 보여주세요. 제가 죽어서 부활되어 천국 가는 것을 보여주세요.

사이비 집단을 소멸하여

이제는 사이비 집단을 소멸하여 주시옵소서. 이단에 빠진 저희 가정을 지켜주옵소서. 심히 힘듭니다. 주님의 손을 구합니다. 구원의 손을 내밀어 저희 가정을 구원해주옵소서.

곤고하여

이리하여도 저리하여도 제자리뿐입니다. 달라지리라 믿고 하루하루 살아갑니다. 힘이 들고, 곤고하여 심한 고통으로 살아갑니다. 하나님 아버지 더 이상 제게 아무것도 주시지 않아도 됩니다. 그냥 이대로 더 나빠지지 않도록 해주세요.

고3 때 첫 우승을

맨날 혼자였습니다. 지기만 했던 고등학교 시절… 저는 운동을 좋아합니다. 결국 고3 때 첫 우승을 맛보았습니다. 저는 운동 하면서 질 때마다 도전해야지 하기 보다는 포기할 때가 더 많았습니다. 이제야 알았습니다. 저에게는 하나님께서 함께 하신다는 것을…

지옥 불구덩이

저는 하나님을 모른다는 것이 너무 슬픕니다. 하나님 품으로 간다는 것이 너무 어렵습니다. 이러다가 지옥 불구덩이 속에 떨어지면 저 뜨거운 불속에서 고통하며 살겠지요. 저를 도와주세요. 하나님! 살고 싶습니다. 정말 용기와 담대함이 필요합니다.

죄 때문에 고통받는

아버지 하나님! 제 죄 때문에 고통받는 것을 멈추어 주세요. 저의 나약함을 아시잖아요. 죄를 버릴 수가 없어요. 그만 아프게 해주세요. 너무 힘듭니다. 제발 저도 모르는 고통 가운데서 저를 건져주세요.

사람들을 너무 의식해요

하나님 아버지! 다른 사람들 좀 신경 쓰지 않게 해주세요. 제가 힘든 것도 있지만 주님께 나아가기가 너무 어려워요. 사람들을 너무 의식해요. 그래서 주님께 나아가지 못하고 있어요. 예수님을 믿는 척하는 제가 싫어요. 저 자신부터 솔직했으면 좋겠어요.

하나님과 관계없이 받는 고통들

날마다 걸음마다

주님! 방심하고, 방황하고, 고통의 길인 줄 알면서도 죄의 길, 사망의 길을 걸어가는 저를 용서해주세요. 어떻게 하면 날마다 걸음마다 주의 길을 걸을 수 있나요?

마음의 고통이 스며듭니다

하나님 아버지! 저도 아기를 낳을 수 있도록 태의 문을 열어주세요. 제가 많이 힘듭니다. 마음의 고통이 스며듭니다. 정신적으로 많이 힘듭니다. 영육에 건강한 삶을 원합니다.

국내, 국외 여행 다니기에

저는 30대 여자 청년입니다. 직장 생활이 너무 바쁘다 보니 주일을 지키기가 어렵습니다. 공휴일과 휴가철에도 국내, 국외 여행 다니기에 바쁩니다. 아예 이제는 주일 빠지는 것이 일상생활이 되었네요. 결혼 정년기라 결혼도 해야 하는데… 그리 삶이 즐겁지가 않네요. 마음의 공허함과 허전함의 교차로에서 갈등합니다.

철새라고

어느 분이 저에게 말하더군요. 철새라고. 교회를 정하지 못하고 이리 기웃 저리 기웃하면서 신앙생활하고 있습니다. 때론 기독교방송을 통해서 예배를 드리고… 저 나름대로 신앙생활 하다 보니 마음이 평안하지 않습니다. 늘 체한 것 같이 답답하고, 무거운 돌짝이 누르는 것 같이 무겁고 정말 짜증만 납니다. 제가 다니던 교회는 너무 무리하게 건축하다 보니 부채로 넘어가고 성도들도 모두 다 제 갈 길을 찾아 흩어지고… 저도 그중 한 사람입니다. 교회가 해체되기까지는 저도 열심히 봉사했던 직분 자였습니다.

영적 전쟁을

하나님! 저는 교회 집사입니다. 우울증에 걸려 영적 전쟁을 하고 있습니다. 저 한 사람 때문에 가족들이 고통받고 있어요. 제발 저와 가족을 살리시고, 치유해주세요.

남자 친구 걱정과 염려를

저는 20대 여자 청년입니다. 저는 오늘보다 내일이 주님이 필요합니다. 제가 남자 친구 걱정과 염려를 끌어안고 삽니다. 제 인생도 잘못 살면서 말입니다. 이 생각에서 벗어나 주님만 의지하고 살고 싶습니다. 제 인생도 남자 친구의 인생도 다 주님께 맡깁니다.

하나님께만 집중하여

20대 여자 청년입니다. 하나님께만 집중하여 살고 싶은데 좀처럼 안 되네요. 상처도 너무너무 쉽게 받고 삽니다. 한순간 살아가는 제 인생길에 주님이 꼭 필요합니다.

신앙의 공동체 안에

30대 남자 청년입니다. 외롭고, 막막한 현실에서도 주님을 찬

하나님과 관계없이 받는 고통들

양합니다. 주님! 정신적, 육체적, 경제적으로 힘듭니다. 저와 같이 신앙의 공동체 안에 있는 형제자매님들도 다들 어려워합니다. 모든 지체들을 도와주세요.

죽을 것 같이…

하나님 아버지! 저 죽을 것 같이 많이 힘들어요. 기도해도, 시간만 흐를 뿐, 별로 달라진 게 없어요. 죄악에서 벗어나고 싶어요. 저 한 사람으로 인해 다 고통받을 수는 없어요. 모든 게 우울하고, 슬프고, 참 행복이 없어요.

치유와 회복의

제가 지금 너무도 고통 속에서 살고 있습니다. 저의 고통과 아픔을 주님께 드립니다. 치유와 회복의 역사를 경험하고 싶습니다.

핸드폰이 우상

하나님 아버지! 저는 욕 안하고 누구보다도 착하게 살고 싶은데 그게 맘 같이 잘 안 돼요. 찬양도 예배도 잘 드리고 싶은데 어느새 제 손은 핸드폰을 하고 있네요. 저는 핸드폰이 우상인 것 같아요. 제 행동을 통제시켜주세요.

자살도 시도했었고…

주님! 제가 중학교 2학년 때 왕따를 겪고 대학생이 되었어요. 왕따 당할 때 저는 너무 무서웠고 예수님이 미웠습니다. 그래서 자살도 시도했었고, 병원에 가서 눈을 떴을 때… 지금도 그때 생각에 눌려서 이 글을 쓰고 있습니다.

죄가 당연한 것처럼

주님! 마귀, 사탄의 굴레에서 벗어나게 하소서. 똑같은 죄를 반복해서 짓지 않도록… 죄를 지으면 그 죄가 당연한 것처럼 착각할 때가 종종 있습니다.

부정적으로

예수님, 하나님! 죄송해요. 저는 나쁜 버릇이 있습니다. 모든 일을 부정적으로 생각하고 판단하죠. 그래서 자기만족에 살아가고 있지요. 그러다가도 찬양을 들으면 눈물이 왈칵 쏟아집니다. 주님 15년 이상 교회를 다녔지만, 변하지 않는 나의 믿음이 끔찍합니다. 그래서 늘 회개 기도합니다. 그러나 그때뿐이고 다시 원점으로 돌아와 자리를 지키고 있습니다. 변화받기를 원합니다. 거듭나기를 기도합니다.

마음의 아픔을

어떤 말을 먼저 써야 하는지도 모르고 글을 써갑니다. 제가 마음에 상함을 입거나 두렵고 떨리는 마음을 감출 수 없게 되면 저도 모르게 칼을 잡습니다. 그리곤 손에 칼을 댑니다. 마음의 아픔을 육체의 고통으로 바꾸는 순간인 것 같습니다. 전 이 힘든 순간에 왜 주님께 기도하지 않는지를 모르겠어요. 그냥 멍하니 이 고통의 순간이 없어지길 바랄뿐입니다. 이 무서운 고통에서

하나님과 관계없이 받는 고통들

벗어나게 해주세요.

툭하면 분노하고

하나님! 회개합니다. 거짓말을 잘하고, 사람들에게 욕을 퍼붓고, 많은 사람들에게 못 되게 굴고, 툭하면 분노하고, 툭하면 성질부리고, 툭하면 지랄을 떨었습니다. 그러다 보니 제 주변 사람들이 저를 이상하게 봅니다. 주님! 저는 예수 믿는 사람인데 이런 행동을 왜 할까요? 변화받고 싶어요.

저는 나쁜 아이입니다

저는 목사의 딸입니다. 아빠가 개척을 하였습니다. 하나님의 은혜로 많은 부흥을 하였습니다. 저도 덩달아 신이 났습니다. 너무 신이 나다 보니 저희 교회 청소년부에서 제가 왕입니다. 저 보다도 피아노를 잘 치거나, 율동을 잘 하거나, 찬양을 잘하면 바로 딴지를 걸고, 왕따를 시켰습니다. 참으로 저는 나쁜 아이입니다.

툭하면 거짓말

곧 있으면 시험입니다. 시험을 며칠 앞두고 엄마한테 공부한다고 하고선, 제 방에서 핸드폰만 하고 있습니다. 나 같은 못 된 아이가 없습니다. 툭하면 거짓말만 하고… 제가 생각해도 저는 못됐습니다. 하나님! 저는 엄마 뱃속에서부터 교회를 다녔어요. 다시 예수님을 닮도록 도와주세요. 예수님보다도 핸드폰을 사랑하고 섬기고 있어요.

왜 자꾸만 죽고 싶은 마음이…

주님! 저는 초등학생인데 왜 자꾸만 죽고 싶은 마음이 들까요? 제가 아주 어릴 때 엄마 아빠가 이혼을 했어요. 엄마 아빠랑 떨어져 조기유학을 하고 잠시 한국에 와서 엄마 따라 교회를 다녔습니다. 그런데 저에게 이러한 의문이 들기 시작했어요. 왜 나는 가난하게 태어났을까? 그렇지만 가난했기 때문에 교회를 다니고 예수님을 믿는 아이가 되었는데… 제 마음 한구석에서는 엄마랑 아빠랑 다 같이 살면 좋겠다는 생각으로 마음이 힘들어요.

어느새 교회를 등한시

저는 한 교회를 섬기고 있는 권사입니다. 정말 열심히 충성을 다 했습니다. 어느 날부터 꽤가 생겼습니다. 조그마한 가게를 얻어 치킨집을 하기로 하고 시작을 하였습니다. 정말 장사가 잘 되다 보니 어느새 교회를 등한시 하게 되었습니다. 새벽예배도 빠지고, 수요예배도 빠지고, 구역예배도 빠지고, 금요 심야기도회도 빠지고 주일은 목사님께서 축도하시면 걸음아 날 살려라 하듯이 뺑소니를 치고. 그 이유는 오후에 가게 문을 열어야 하기에… 2년 동안 열심히 장사를 하였습니다. 돈은 벌어지만 제 몸은 만신창이가 되었습니다. 저혈압과 당뇨, 불면증이 겹쳐있고, 팔다리 안 아픈 데가 없습니다.

너무 멀리 계신 것 같아

하나님! 저를 만나주세요. 죄를 멀리하고 주님께 다가가고 싶

하나님과 관계없이 받는 고통들

어요. 모든 것 다 내려놓고 주님만 따르게 해주세요. 주님이 너무 멀리 계신 것 같아 힘들어요.

이혼한 가정들이 회개하고

저희 가정과 모든 가정을 지켜주세요. 불륜의 가정, 이혼한 가정들이 회개하고 다시 회복할 수 있도록 도와주세요. 제 주변에 가정들이 이리 깨지고, 저리 깨지는 소리에 가슴이 아파서 잠을 이룰 수가 없습니다.

너무 춥고, 무섭습니다

남편이 다른 여자랑 만나고 있어요. 눈물이 너무 나네요. 너무 힘들고 마음이 무너져 내리네요. 너무 춥고, 무섭습니다. 다 제 잘못인줄 알고 있지만… 제 남편은 이 늦은 저녁인데도 집으로 들어오지 않고 있네요. 주님! 제 남편이 저를 이해하고 돌아올 수 있도록 해주세요.

하나님과 일대일로

엄마에게 뇌경색이 왔다는 소리를 들었습니다. 갑자기 눈이 들어가고 가슴이 철렁 내려앉았습니다. 제가 잘 알고 지내는 항상 기도하시는 권사님께 상담을 청했으나 하나님과 일대일로 해결하라고 하면서 일방적으로 전화를 끊어 버리네요. 너무 속상합니다. 아무런 결단이 서지 않네요. 도와주세요. 주님!

암 진단

주님! 얼마 전에 남자 친구와 헤어졌습니다. 엄마는 암이라는 진단을 받았습니다. 이런저런 충격으로 학교 성적이 많이 떨어졌습니다. 하나님은 감당할 수 있는 시련만 주신다 하셨는데 저에게는 왜 이리 가혹한지요? 하지만 이 모든 일을 하나님의 뜻으로 받아들이겠습니다. 그래도 저희 엄마는 꼭 교회로 인도하여 예수님을 믿을 수 있도록 하겠습니다. 엄마 병이 낫고, 사회적으로 성공의 길을 걸을 수 있도록 도와주세요.

마음이 결정되지 않아

하나님! 고3이라는 현실이 너무 퍽퍽해요. 하나님은 제 편이라고 알고 있지만 오히려 떨어진 제 성적표에 엉엉 울고 싶어요. 대학도 3개월 후면 결정되는데 아직도 마음이 결정되지 않아 많이 고민됩니다. 주님! 저를 사랑하시죠! 감당할 지혜와 믿음을 주세요.

저의 욕심과 쾌락으로

주님! 순수하지 못해서 죄송해요. 나쁜 짓만 골라서 하는 저를 살려주시기 위하여 십자가에서 물과 피를 다 쏟아주셨는데… 저는 저의 욕심과 쾌락으로 저 자신 자체도 미워하면서 죄를 짓고 살고 있어요. 이 죄인을 용서하소서.

교만한 마음을…

주님! 제가 예수님을 믿는 척만 하였습니다. 정작 어려울 때

하나님과 관계없이 받는 고통들

하나님을 찾지 않고 제멋대로 살아갑니다. 하나님께 영광 돌려야 할 삶이 제 영광을 추구하며 삽니다. 겸손한 마음보다는 교만한 마음을 가졌습니다. 선보다 악을 더 좋아하며 살고 있는 저를 치유하여 주세요.

잠이 안 옵니다

하나님! 꿈속에서 음란 마귀의 역사를 받아 자위행위를 하게 합니다. 얼마 후 팬티 속에 사정하는 저를 보고 실망을 많이 했습니다. 새벽에 잠을 청합니다. 잠이 안 옵니다. 수면제를 복용합니다. 그러다 보니 생활리듬 자체가 깨져서 살아가고 있습니다. 또한 점심식사와 아침식사는 거의 먹지 않고 자기 전에 폭식을 합니다. 이런 날을 반복해야 하는 저 자신이 원망스럽습니다.

사명의 길을 가렵니다

어머니와 아버지의 강한 반대를 무릅쓰고 신학대학교 신대원에 입학을 준비하고 있습니다. 솔직히 부모님께서 원치 않은 길을 걸으려니 제 마음도 편치 않습니다. 그러나 힘들고, 때론 고난이 닥쳐와도 제게 주신 사명의 길을 가렵니다.

남편의 의처증

저는 30대 주부인 여 집사입니다. 시어머니는 오래전에 남편과 상처하시고, 수절하시고 과부로 살아오신 분입니다. 직장에서 지금의 신랑을 만나 결혼하였습니다. 시어머니는 본인의 눈에 흙이 들어오기 전에는 절대로 예수 믿는 며느리는 안 보시겠

다하신 분이십니다. 끝내 저희 두 사람의 의지를 보여주고, 설득하여 결혼했습니다. 저는 홀시어머니를 모시고 산다는 것이 이렇게 힘이 드는 줄 몰랐습니다. 저희도 시시때때로 부부 싸움이 잦았고… 저는 남매를 낳아 어떻게든 살아 보려고 몸부림을 쳤습니다. 어느 날부터 시작된 남편의 의처증으로 저는 매일 저녁 속옷을 검사받아야만 했습니다. 너무 힘든 나머지 저는 언니네로 도망쳐 나와 살면서 동네 슈퍼에서 일하였습니다. 물건 사러 온 내 나이쯤 되어 보이는 남자 청년과 눈이 맞았습니다. 결국 그와 사귀게 되었고, 제가 예수님을 믿고 교회의 집사인데… 이러면 안 되는데…

금액의 주식을 처분하고

세상 욕심과 완고함, 거짓으로 가득 찬 제 자신을 저주합니다. 그것들을 하나도 버리지 못하고 매여 있는 제 자신이 측은하고 불쌍합니다. 하나의 거짓은 또 하나의 거짓을 생산합니다. 오늘은 얼마 남지 않은 금액의 주식을 처분하고 프로그램도 날려버릴 생각입니다. 남은 것은 엉망진창이 되어버린 제 영혼과 육신과 빚뿐입니다. 하나님과의 관계를 회복하기를 원합니다. 사울 왕처럼, 솔로몬 왕의 말년처럼 죄의 결과만 보이니 두려움이 앞섭니다.

본이 안 되게 교회에서

저는 교회를 섬기고 있는 권사입니다. 본이 안 되게 교회에서 무리를 일으켰습니다. 집사님이 교회 일을 일방적으로 처리하

하나님과 관계없이 받는 고통들

다가 문제가 되고 이해관계가 얽혔습니다. 저희도 물어볼 수 있고 알 권리가 있습니다. 상대방은 자기를 의심하고 상처를 주었다고 합니다. 그 집사는 이 모든 사실을 고자질을 하여 목사님께서 강단에서 하시는 말씀이 남의 눈에서 눈물을 나게 하면 자신의 눈에서는 피 눈물을 흘릴 것이라고 설교하셨습니다. 저는 이 말씀을 듣는 순간 심장이 멈추는 줄 알았습니다. 저가 이렇게까지 잘못한 게 없는데… 목사님께서 강단에서 내려와 저 보고 총대를 메라고 합니다. 저도 많은 상처를 받았습니다.

하나님과 담을 허물려고

요즈음 저는 하나님과 멀어져 있다는 것을 느낍니다. 항상 힘들고 어려울 때 하나님을 원망하면서도 하나님께 구했습니다. 그 결과 좋은 직장도 얻었고, 좋은 이성 친구와 교제도 하고 있습니다. 하나님께서는 이렇게 좋은 것만 주시는데 왜 저는 하나님이 멀리 계시다고 느껴질까요. 하나님과 회복하기 위하여 경배와 찬양예배, 예수 전도단에 참여하여 기도하지만 하나님과 담을 허물려고 많은 노력을 하고 있습니다. 이러다가 한번 크게 얻어맞는 일이 있을 것 같은 두려움이… 하나님과 회복의 길이 솔직히 보이지 않아요.

2차례 자살을 시도했으나…

40대 초반 가장입니다. 직장도 웬만합니다. 주식 투자로 어마어마한 손실을 보고 2차례 자살을 시도했으나 실패하였습니다. 가족, 친지들까지 다 알게 되었습니다. 창피하고 무모한 짓이었습니다. 요즈음 성경을 읽습니다. 하나님의 영이 떠난 사울의 모습을 보았습니다. 꼭 저의 모습입니다. 그 이후 손실분을 만회해 보고자 가능한 모든 돈을 빌려 또 시도하였습니다. 역시 실패입니다. 욕심은 죄를, 죄는 사망을⋯ 어찌할지를 모르겠습니다.

저는 해외 교포입니다

한인교회를 섬기고 있는 성도입니다. 얼마 전 불미스러운 교회 일로 담임목사님과 갈등이 생겼습니다. 이미 제 남편과 같이 사모님을 찾아가서 말씀드렸습니다. 왜냐하면 목사님께서 저를 피하시기 때문입니다. 결국 교회를 나왔습니다. 교회를 나온 이후 교우들이 왜 나갔냐고 묻습니다. 굉장히 궁금해 합니다. 저희들과 같이 교회를 떠날 마음을 갖고 있는 교우들이 있습니다. 처음에는 얼렁뚱땅, 이리저리 둘러댔습니다. 그러나 집요하게 캐묻습니다.

목사님의 행동으로 보아서는 교회를 나가고 싶은 교우들에게 얼마든지 나쁘게 말할 수 있습니다. 그러나 그게 문제가 아니라 제가 목사님과 대립한 모양새가 항상 마음에 걸립니다.

돈의 일부를 십일조로⋯

시부모님께 받은 돈의 일부를 십일조를 꼭 해야 하는지⋯ 빚도 있고 해서 감당하기 너무 힘듭니다. 아니죠, 제 수중에 돈이 생기니 갈등하고 있는 것이죠. 부모님들이 사주신 집을 전세 놓고 이사하여 대출받아 집을 샀습니다. 그러다 보니 제 손에 별로 남은 돈이 없습니다. 실은 그 십일조 낼 돈을 안 내고 빚을 갚는

하나님과 관계없이 받는 고통들

다 해도 어차피 안 되는데… 제가 생각해도 바람직하지 않다고 생각하면서도 몇 푼 안 되는 돈으로 제 믿음을 제 스스로 시험하고 있네요.

제 모든 마음과 사랑을

몇 년 전부터 예수님을 믿지 않는 자매와 사귀었습니다. 제 믿음은 그녀를 주께로 인도하겠다는 것이었습니다. 첫사랑이라 그런지 제 모든 마음과 사랑을 다 주었습니다. 그런데 그녀에게 배신과 비웃음만 받았습니다. 하나님이 너무 원망스러웠습니다. 신앙이 흔들리기 시작했습니다. 주일학교 초등부 교사였던 저는 그런 마음으로 아이들을 가르치다 보니 짜증이 났습니다. 결국 교회도 빠지게 되었고, 아예 섬기던 교회에서 멀리 이사를 하였습니다. 저를 아는 교회 형제자매들에게도 연락을 끊고 잠적하였습니다. 그러다 보니 현재 하나님과의 만남도 없고, 더더욱 먼저 교회 청년들과도 관계가 멀어져 가고 있습니다. 가까운 교회를 나가고 있으나… 지난날 제 잘못으로 인한 자격지심이 저를 괴롭게 합니다.

하루하루가 지옥

전 한 남자와 사귀었습니다. 그런데 잘못된 만남이었습니다. 전 살면서 많은 죄를 지었습니다. 그 사람과 관계를 가졌습니다. 그리고 저흰 헤어졌습니다. 하루하루가 지옥입니다. 그 사람과 헤어지고 6개월이 지났습니다. 하지만 때론 그 사람과 사랑했던 기억이 저를 미치게 합니다. 어떻게 회개를 해야 하는지 잘 모르겠습니다. 제 나이는 23살입니다. 차라리 죽기를 간절히 원했습니다. 대학을 졸업하고 취직을 하였습니다. 다 잊었다 생각하면 그때 일이 생각나 힘듭니다. 주님! 제가 어떻게 회개를 해야 할까요?

주일학교 교사로

7~8살 크리스마스 때 교회를 가보고 지금까지 가지 않았습니다. 얼마 전 친한 친구 소개로 교회를 나가기 시작하였고 세례까지 받았습니다. 작년부터 성가대 봉사와 주일학교 교사로 섬기고 있습니다. 그런데 언제부터인지 교회에서 봉사한다는 것이 무의미하다는 경우가 종종 생기더니 이제는 주일을 지키지 못하는 날이 늘어나고 있습니다. 주일이 되면 눈뜨기가 힘들고, 겨우겨우 주일날 예배를 참석하고 있습니다. 기도하게 되면 어떤 죄부터 기도해야 할지도 모르겠고, 참으로 먹먹합니다.

하나님과 관계없이 받는 고통들

나가는 말

　우리의 생각과 마음속에 수많은 부정적 단어들이 '하나님과 관계없이 받는 고통들'을 받도록 촘촘히 박혀있어 언제든지 내 생각으로 붙들고, 내 마음을 눌리게 하고, 내 입술로 나도 죽고, 너도 죽이는 단어들을 매일 같이 쏟아낸다.

　필자도 글을 쓰면서 내 안에도 이렇게 수많은 부정적 단어들이 내재되어 있다는 생각에 소름과 떨림으로 회개를 하였다.

　좌절, 원망, 더러운 생각, 죽고 싶은 충동, 죽이고 싶은 충동, 살인, 강도, 절도, 사기, 도박, 마약, 거짓, 악담, 시기, 질투, 분쟁, 헐뜯기, 비방, 조롱, 시비, 억압, 폭력, 업신 여김, 비웃기, 깐죽거림, 음란, 음탕, 자위행위, 성희롱, 성추행, 성폭력, 동성연애, 양성연애, 레즈비언, 근친상간, 약 올림, 독기, 이간질, 욕정, 욕심, 탐욕, 탐심, 편 가르기, 무시, 교만, 거만, 거드름, 폭언, 욕설, 참견, 간섭, 잔소리, 방황, 방탕, 열등감, 우월감, 의처증, 의부증, 미움, 다툼, 간통, 불면증, 우울증, 공황증, 스트레스, 편견, 편애, 불순종, 자살, 부부갈등, 무기력, 적반하장, 충동질, 왕따, 성질, 이기주의, 비침, 이중인격, 상습, 나쁜 습관, 방조, 연약함, 나약함, 분냄, 분노, 독설, 사상, 이념, 사이비 종교, 이단, 신비주의, 불행, 패배주의, 징크스, 미신, 콤플렉스, 권위주의, 불평등, 과거를 연관, 욱박지름, 혈기, 과욕, 과식, 과음, 오만,

◆ 나가는 말 ◆

217

무덤덤, 과로, 피로, 저주, 저질, 변태, 변명, 핑계, 사나움, 거칠다, 무대포, 아나무인, 고지식, 중독, 직무유기, 지나친 문신, 지나친 머리 염색, 과다한 노출, 자기 과시, 지나친 화장, 올가미, 유인, 위조, 자포자기, 꾸중, 공격, 과묵, 살벌, 비방, 잘난 체, 상처, 낙담, 과속, 수군수군, 학연, 혈연, 우연, 어문짓, 과소평가, 위장, 심적인 부담, 물욕, 고생, 고난, 고초, 고장, 신경질, 붕괴, 방화, 비겁함, 비참함, 불만족, 불평, 악바리, 자기도취, 갑질, 금수저, 살기, 의기양양, 급한 성격, 부끄러움, 의기소침, 술중독, 담배중독, 죄 성, 게으름, 나태함, 악한 꽤, 우매함, 느물느물, 용서를 못 하는 것, 눈 밖에 나면 안 봄, 대인공포, 문제, 가책, 비양심, 비성실, 비정직, 청개구리, 약속을 안 지킴, 속임수, 지나친 장난, 악성 댓글, 밴댕이 속아지, 불법, 조롱, 눈치, 천덕꾸러기, 부정적 사고, 강퍅한 마음, 완악한 마음, 고소, 고발, 화인, 절망, 비통, 억울함, 공범, 주범, 야동중독, 게임중독, 인터넷 중독, 얄팍한 생각, 수시로 찾아오는 질병, 가난, 장애, 열등감, 우월감, 질병유전, 고통, 진통, 통증, 외로움, 고독, 쓸쓸함, 낙망, 공포, 환청, 환각, 어두움, 비참, 역모, 간신, 사탕발림, 배신, 불신앙, 적대감, 미지근한 신앙. 부도, 파탄, 파산, 신용불량, 월권행위, 비판, 정죄, 저주, 과거에 붙들림. 간교, 간사함, 남의 탓, 묻지만 살인, 직권남용, 악랄함, 능욕, 비방, 쾌락 등등.

위 단어 중에 몇 개의 단어들이 여러분을 고통으로 몰아가고 있는가?

우리의 잘못된 신앙관으로 인하여 역시 '하나님과 관계없이

하나님과 관계없이 받는 고통들

받는 고통들'을 겪는다.

율법적 신앙관 : 고통 가운데 진리 안에서 자유함이 없는 신앙.

지식적 신앙관 : 성경은 아는데 능력이 없는 신앙.

철학적 신앙관 : 전도 한답시고 논쟁하는 신앙.

민주주의적 신앙관 : 토론과 다수결로 일치하는 신앙.

전통적 신앙관 : 전통과 연혁만 자랑하는 신앙.

기복적 신앙관 : 모든 일을 복과 연결시키는 신앙.

외식적 신앙관 : 사람들을 의식하며 교회생활하는 신앙.

무속적 신앙관 : 병들고 범사에 하는 일마다 안 되면 남의 탓
하는 신앙.

유교적 신앙관 : 제사 음식은 먹어도 되고, 가문과 혈통을 지
키는 신앙.

체험적 신앙관 : 무슨 일이든 체험을 해야 믿는 신앙.

불교적 신앙관 : 목회자든 성도든 우상화하는 신앙.

신비적 신앙관 : 꿈, 환상, 은사는 잘 믿지만, 진리가 없는 신앙.

이단적 신앙관 : 은사자만 따라 다니는 이원론적 신앙.

합리적 신앙관 : 성경을 자기 입장에서 해석하고, 방종하는
신앙.

이기주의 신앙관 : 항시 판단하고 자기 믿음만 옳다 하는 신앙.

인과응보 신앙관 : 주일을 안 지켜서 사고 났다는 신앙.

행위적 신앙관 : 불교식, 천주교식 고행을 해야 구원을 얻는
다는 신앙.

미신적 신앙관 : 입시만 되면, 찰떡과 엿을 먹고, 운세를 보며

미역국은 먹지 않는 신앙.

천주교적 신앙관 : 봉사와 선행을 통해 속죄하려는 신앙.

종교적 신앙관 : 예배를 의식화 하며, 1시간만 출석하면 된다는 신앙.

타성적 신앙관 : 남의 신앙에 관심이 많고, 주관이 없는 신앙.

배타적 신앙관 : 교회에 늘 불만을 갖고 있으면서도 출석하는 신앙.

나그네적 신앙관 : 철새처럼 왔다 갔다 하는 신앙.

상술적 신앙관 : 이해타산만 생각하며 다니는 출석 신앙.

지배적 신앙관 : 억지로 끌려 나와서 교회를 다니는 신앙.

맹종하는 신앙관 : 참 기쁨과 감사를 모르고 교회생활하는 신앙.

바리새적 신앙관 : 독선과 의심을 갖고 의로운 척하는 신앙.

명예적 신앙관 : 예수님보다는 섬기는 교회 목사 이름을 세우는 신앙.

권위적 신앙관 : 인위적인 자기 캐릭터를 내세우는 신앙.

개 교회 중심적 신앙관 : 타 교회는 우습게 보며 빈정대는 신앙.

직업적 신앙관 : 교회에서도 영적 직분보다 육적 직분을 자랑하는 신앙.

방청객 신앙관 : 예배와 섬김 속에서 은혜받기보다는 구경하는 신앙.

신문기자 신앙관 : 닥치는 대로 찍고, 기사화하려는 신앙.

필자는 필리핀에서 오랫동안 살다 보니 필리핀 날씨에 체질

하나님과 관계없이 받는 고통들

화되었다. 마닐라의 기후는 우기(雨期)와 건기(乾期)로 6개월씩 나누어진다. 특히 11월, 12월, 1월, 2월까지는 비가 안 내려도 저녁부터 새벽까지는 선선하다. 즉, 선풍기를 틀지 안 아도 기후가 아주 좋다. 대한민국의 초가을 날씨라 생각하시면 된다.

우기철에는 수시로 찾아오는 통증과 아픔, 매일 같이 재채기를 동반한 콧물, 그때마다 속으면 내 손해지, 아프면 내 손해지 하고 물리친다. 자비량으로 선교하다 보니 때론 생각으로 타고 들어오는 경제적 압박이 있다. 이럴 때는 '내가 아니요'를 적용하며 산다.

이를 행하는 자는 내가 아니요 내 속에 거하는 죄니라 로마서 7장 20절

항상 땀을 흘려야 하는 가운데서 살다 보니 먹어도 먹어도 속이 허하다. 우기철 때는 마닐라도 기온이 많이 떨어진다. 그래도 선풍기는 켜야 한다. 조금만 움직이면 땀이 난다. 요사이 양말을 신고 산다. 양말을 신으면 콧물이 멈추어지기 때문이다. 이러한 증세들이 '하나님과 관계없이 받는 고통들'이다.

자고 일어났는데 갑자기 허리가 몹시 아프다든지, 필리핀 사람들과 중요한 약속을 했는데 일방적으로 약속을 어겼다든지, 집안에서 수시로 일어나는 일들, 교회 안에서 수시로 일어난 일들, 양치하면서 거울을 보는 도중 살아오면서 겪었던 안 좋은 일들이 기억나면서 괜한 성질이 난다.

매년 12월이 되면 필리핀 사람들은 폭죽을 터뜨린다. 중국의 풍속을 좇아 폭죽 소리에 귀신들이 도망간다고 믿고 있다. 그래서 시도 때도 없이 12월은 폭죽을 터뜨리고, 새벽녘까지 가라오케를 틀어놓고 파티를 한다. 잠을 자야 하는데 새벽 2시가 넘어도 여전히 가라오케 노래 부르는 소리가 난다.

결국 이렇게 저렇게 하지도 못하면서 성질만 부글부글 끓는다. 저들에 문화이니 하고 체념할 수밖에 없다. 성질 나봤자 '하나님과 관계없이 받는 고통들'이다. '아차 나는 새로운 피조물이지' 하고 스스로 위로를 받는다.

그런즉 누구든지 그리스도 안에 있으면 새로운 피조물이라 이전 것은 지나갔으니 보라 새 것이 되었도다 고린도후서 5장 17절

내가 아프던, 그 누군가가 아프던 상관없이 아래 성경말씀 100% 믿고 그대로 기도한다. 그러면 깨끗하게 치유가 된다.

믿는 자들에게는 이런 표적이 따르리니 곧 그들이 내 이름으로 귀신을 쫓아내며 새 방언을 말하며 뱀을 집어올리며 무슨 독을 마실지라도 해를 받지 아니하며 병든 사람에게 손을 얹은즉 나으리라 하시더라
마가복음 16장 17-18절

여러분 속지 마라! 수시로 나와 상관없이 찾아와서 내 마음 가운데 자리를 잡는 걱정, 염려, 근심, 불안, 초조, 두려움, 어두움 등이 내 속에 들어와 자리잡지 못하도록 "이건! 내가 아니

하나님과 관계없이 받는 고통들

지" 하고 내쫓으라. 사업장, 직장, 밖에서 안 좋은 일들, 교회에서 안 좋은 일들을 집으로 가져가지 마라. 물질로, 질병으로, 속 뒤집는 말로, 이간질로, 일들이 안 풀려도 생각에 붙들리지 마라. 모든 부정적 사고는 생각을 타고 들어온다.

그리고 절대 남의 인생 살지 마라. 남편이든, 아내이든, 자식이든, 좋은 일은 같이 살아주어야 하지만, 남의 인생 살다가 마음 빼앗겨 영육에 병드는 사람 주변에 많다. 병들면 감사가 내 마음속에서 나가고, 불평과 원망이 들어온다. 그리고 암, 당뇨, 고혈압, 저혈압, 우울증, 불면증, 공황증을 자꾸만 나 자신이라 믿고 인정하여 그 병들이 떠나지 않는다. 아프면 내 손해다.

반복하지만, 내 생각에 내 머릿속에 암이라고 붙들고 있는 이상, 암은 치료되지 않는다. 항암치료 및 전 재산 다 팔아서 치료 받은들 치료 안 된다. 그다음은 가족들에게 부담만 주고 죽게 된다.

하나님이 내 아버지, 예수님이 내 구세주, 성령님이 내 안에 계심을 믿고, 예수 그리스도께서 이미 2천 년 전에 모든 질병, 문제, 원망, 불평 등을 다 가져가셨음을 100% 믿으시고 그 생각에서 빠져나오라. 그리고 "내가 아니요"라고 선포하고 질병을 야단치고, 혼내고, 예수님의 이름으로 떠나가라 명령하고 기도하라. 무속인과 불자나 다른 종교에서는 한결같이 사람이 죽어 저승으로 못 가고 너무 억울해서 귀신이 되어 떠돌다가 사람의 몸에 붙어서 산다고 속이고 있다.

그러나 성경에 기록된 말씀은 하나님을 섬기던 천사장 루시퍼가 교만하여 이 세상에서 가장 간교한 뱀으로 위장해 에덴동산에서 하와를 미혹해 선악과를 따먹게 했다.

그가 바로 천사장 루시퍼다. 천사장 루시퍼가 타락하여 에덴동산에서 쫓겨날 때 그를 따랐던 천사들도 함께 타락하여 세상에 나와 귀신이 되고, 마귀가 되고, 사탄이 된 것이다.

너 아침의 아들 계명성이여 어찌 그리 하늘에서 떨어졌으며 너 열국을 엎은 자여 어찌 그리 땅에 찍혔는고 네가 네 마음에 이르기를 내가 하늘에 올라 하나님의 뭇 별 위에 내 자리를 높이리라 내가 북극 집회의 산 위에 앉으리라 가장 높은 구름에 올라가 지극히 높은 이와 같아지리라 하는도다 그러나 이제 네가 스올 곧 구덩이 맨 밑에 떨어짐을 당하리로다

이사야 14장 12-14절

주 여호와의 말씀에 너는 완전한 도장이었고 지혜가 충족하며 온전히 아름다웠도다 네가 옛적에 하나님의 동산 에덴에 있어서 각종 보석 곧 홍보석과 황보석과 금강석과 황옥과 홍마노와 창옥과 청보석과 남보석과 홍옥과 황금으로 단장하였음이여 네가 지음을 받던 날에 너를 위하여 소고와 비파가 준비되었도다 너는 기름 부음을 받고 지키는 그룹임이여 내가 너를 세우매 네가 하나님의 성산에 있어서 불타는 돌들 사이에 왕래하였도다 네가 지음을 받던 날로부터 네 모든 길에 완전하더니 마침내 네게서 불의가 드러났도다 에스겔 28장 12-15절

너희는 너희 아비 마귀에게서 났으니 너희 아비의 욕심대로 너희도 행하고자 하느니라 그는 처음부터 살인한 자요 진리가 그 속에 없으므로 진리

하나님과 관계없이 받는 고통들

에 서지 못하고 거짓을 말할 때마다 제 것으로 말하나니 이는 그가 거짓 말쟁이요 거짓의 아비가 되었음이라 요한복음 18장 41절

마귀가 벌써 시몬의 아들 가룟 유다의 마음에 예수를 팔려는 생각을 넣었 더라 요한복음 13장 2절

매년 무더운 여름철이면 찾아오는 전설의 고향처럼 사람들을 억지로 무섭게 하려는 공포물, 좀비, 호러 영화 속에서 귀신으로 분장한 배우가 귀신이 아니라, 여러분 스스로가 생각으로 부르는 것이 진짜 귀신이요, 마귀다. 자살, 살인, 강도, 폭력, 사기, 절도, 거짓말, 질병 등등이 본인 스스로 생각이라고 인정하고 속아서 평생을 고통받고 살아가는 것이다.

아무튼 암이든, 당뇨든, 고혈압이든, 저혈압이든, 우울증이든 간에 그 병이 발견되었으면 육신적으로 암 걸린 것도 억울한데 마음과 생각으로 붙들지 마라. 붙들고 있는 한 반복하여 언급 하지만 그 병은 치료가 안 된다. 기왕지사 살려 약도 먹고, 병원치료도 받는다면 암을 인정하고, 받아들인 나 자신을 회개하며, 울며불며 붙들고 있는 생각을 삭제하라. 이미 예수님께서 2천 년 전에 가져가셨음을 100% 믿고, 나는 암에서, 고혈압에서, 당뇨에서, 자유다! 하고 선포하라. 生과 死에서 갈등하지 말고, 생사화복이 다 하나님의 손에 있다는 것을 긍정적으로 확신하면 그 병은 완치된다.

정말로 죽어도 천국 아닌가? 필자도 사형선고 받고도 살아가고 있다. 솔직히 말해서 암, 고혈압, 저혈압, 당뇨, 우울증, 불면

증, 공황증은 잘 믿고, 인정하면서 왜 예수님을 인정하지 않는 가? 이미 2천 년 전에 다 가져가셨는데 안 믿으면 그 벌로 '하나 님과 관계없이 받는 고통들'을 받다가 죽는 것이다.

그동안 내 멋대로, 내 방식대로, 나 혼자 살려고 몸부림쳐 보 았다. 결국 여러분 스스로가 생각으로 불러드린 질병의 문제, 생 활의 문제, 돈의 문제, 가족의 문제, 교회의 문제 등을 해결할 방 법은 한 가지다. 생사화복을 주관하시고, 절대주권, 절대 섭리이 신 성삼위 유일신 하나님을 의지하시고, 그분만을 믿고, 인정하 시기 바란다. 그러면 살 수 있다.

성삼위 유일신 하나님
성부 하나님은 나의 아버지이다. 생사화복의 주권자.
성자 하나님은 나의 구세주이다.
예수 그리스도의 신성과 인성을 믿지 않으면 이단.
성령 하나님은 나와 함께 하신다. 임마누엘.

지금 이 책을 읽으면서도 수시로 찾아오는 생각에 붙들리고 있는가? 여러분들을 이메일과 카톡 상담으로 도와드리겠습니다.

E-mail : shalomseo2024@hanmail.net
한국 폰 010-9231-0675
인터넷 폰 070-5033-0675
필리핀 폰 +63906-236-4208

위 세 개의 폰을 여러분 폰에 저장하시면 바로 카톡으로 연결된다. 언제든지 교회로 초청해주시면 간증, 찬양, 치유 상담으로 섬겨드립니다.

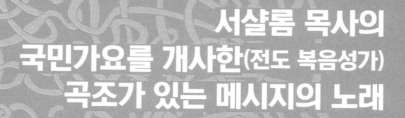

서샬롬 목사의
국민가요를 개사한(전도 복음성가)
곡조가 있는 메시지의 노래

국민가요를 개사한 동기

한국에 와서 어느 가을날 밤, 대중교통 버스를 탔다. 나이 드신 운전기사와 승객이 거침없이 상대방을 비방하고, 입에도 담지 못할 쌍욕을 하면서 다투는 것을 목격했다. 싸움을 말리고도 싶었다. 결국 승객은 몇 정거장 가서 내렸다. 끝까지 욕설을 하면서 경찰에 신고한다고 씩씩거리며 하차했다.

그 후 바로 운전사는 라디오를 켰다. 밤 9시를 알리는 소리와 함께 김병조에 흘러간 노래 멘트가 나오면서 첫 곡으로 '부모'라는 제목으로 노래가 흘러나온다.

"낙엽이 우수수 떨어질 때…"

부모라는 대중가요를 듣는 순간 '저 곡에다 하나님의 말씀으로 개사하면 전도 복음성가로 만들어지겠구나!' 하는 생각이 들었다.

하나님과 관계없이 받는 고통들

기도하면서 시작한 개사가 30여 곡 된다. 그 중에 20곡만 추려서 앨범을 냈다. 일반 가요는 혼을 터치하기 때문에 울리고, 웃게도 하고, 어떤 곡들은 이혼을 부추기고, 삼각관계를 만들고, 술과 세상에 취해 방탕하게 하고, 어떤 곡은 자살까지 부른다.

며칠을 금식하며 편곡자에게 의뢰하고 개사하여 필자가 직접 불렀다. YouTube에서 "곡조 있는 메시지의 노래"를 검색하시면 음원으로 들을 수 있다.

지금 대한민국은 남녀노소 할 것 없이 '트롯' 가요가 열풍이다.

1. 새벽 미명에 (원곡 : 사랑을 위하여)

새벽 미명에 잠에서 깨어 주를 바라볼 수 있다면
십자가 지신 골고다 언덕 생각하면서 기도드리리
하루를 살아도 주님 함께 하시면
나는 주의 길을 가고 싶어
세상이 우리를 힘들게 하여도 우리 주님은 변하지 않아
주님 사랑하기에 이 세상 끝에 마지막 남은 영혼 구하려
예수 십자가 진리 변하지 않는 복음만을 전파하리라

후렴
하루를 살아도 주님 함께 하시면
나는 주의 길을 가고 싶어
세상이 우리를 힘들게 하여도 우리 주님은 변하지 않아
주님 사랑하기에 이 세상 끝에 마지막 남은 영혼 구하려
예수 십자가 진리 변하지 않는 복음만을 전파하리라

2. 바닷가에서 (원곡 : 영일만 친구)

바닷가에서 그물을 집어 던져 사는
베드로 형제들
예수께서 가라사대 너는 사람을 낚는 어부다
누가 뭐래도
나의 본향은 주님이 천국이란다
십자가 흘린 피로
나를 구원하신 주 성령에 능력 복음 들고
땅끝까지 달려 나가는 나팔소리 울려라
인생 바다를 달려라 생명의 말씀을

후렴
십자가 흘린 피로 나를
구원하신 주 성령에 능력 복음 들고 땅끝까지
달려 나가는 나팔소리 울려라 인생 바다를 달려라 생명의 말씀을

3. 날마다 기도를 하건만 (원곡 : 사랑의 미로)

1절 날마다 기도를 하건만 기도는 알 수 없어요
믿음으로 구한 기도는 응답하나에 있지요
나의 작은 가슴에 응답된
말씀이여 말씀을 전하리라 영원히 항상
깨여 있었어 전하리 주님의 부활을

2절 주님께 찬양을 하건만 찬양은 알 수 없어요
믿음으로 부른 찬양은 하늘 보좌에 있지요
아름다운 천국에 영혼에
찬양이여 찬양을 부르리라 언제나
생명 호흡 가지고 부르리
주님의 찬양을

3절 모두다 사랑을 하건만 사랑은 알 수 없어요
믿음으로 행한 사랑은 율법완성에 있지요
주님 주신 마음에 아가페 사랑이여
사랑을 나누리라 언제나
사랑의 빛 외에는 한 가지 주님의 사랑을

하나님과 관계없이 받는 고통들

4. 내가 읽던 성경 말씀 (원곡 : 시골길)

내가 읽던 성경 말씀이 힘이 되며 역사하지만
믿고 순종 아니 하며는 내 심령은 연약해지네
손뼉 치고 찬송 부르며 흥겨웁게 기뻐하지만
말씀 없는 찬송 소리는 내 마음을 슬프게 하네

아~말씀을
아~믿어라

내가 읽던 성경 말씀은 하나님의 거룩한 말씀
믿고 순종하는 자에게 능력되고 충만해지네

후렴
아 ~ 말씀을 아 ~ 믿어라

내가 읽던 성경 말씀은 하나님의 거룩한 말씀
믿고 순종하는 자에게 능력되고 충만해지네

5. 어디에서나 오직 예수 (원곡 : 앉으나 서나 당신 생각)

어디에서나 오직 예수 어디에서나 오직 예수
생각나는 주의 말씀 사모하게 하여라

죄인의 길에 서지 말라고
말씀하셨던 주님
고난에 십자가 나도 지고 가리라

어디에서나 오직 예수 어디에서나 오직 예수
내게 주신 성경 말씀 전파하면서 살리라

하나님과 관계없이 받는 고통들

6. 오라 주님 앞에 오라 (원곡 : 비에 젖은 비둘기)

죄로 물든 한 심령이 서러웁게 우네요
주님 앞에 무릎 꿇고 회개하며 우네요

흐른 눈물 닦고 나니 모든 사물 환해요
왜 이렇게 내 마음은 감사하고 기쁠까

후렴
오라 주님 앞에 오라 너희 죄 주홍 같고
오라 주님 앞에 오라 너희 죄 있더라도
눈과 같이 희어지리

7. 갈보리 언덕 (원곡 : 아리랑)

1절 갈보리 갈보리 갈보리 언덕
갈보리 언덕을 넘어 간다
날 위해 오신 예수님이
십자가 흘리신 피로
날 구원했네

2절 갈보리 갈보리 갈보리 언덕
갈보리 언덕을 넘어 간다
날 위해 부활 승천하신 주님
다시 오실 주님을
예비하세

하나님과 관계없이 받는 고통들

8. 마지막 한 방울 그 피로 (원곡 : 너무합니다)

1절 마지막 한 방울 그 피로 나를 구원하셨네
십자가의 달리신 예수님은 나만을 사랑했어요
주님의 사랑은 생명주시네 그 사랑을 전하리
사랑합니다 사모합니다 주님을 찬양합니다

2절 조용히 두 손을 마주 잡고 주님께 기도하네
찢기고 상했던 주님 모습 잊을 수가 없어요
이 생명 다 바쳐서 복음 전하리 성령 충만 받아서
복음 전하리 전도하리라 주님께 영광 돌리리

9. 예수님 처럼 (원곡 : 비둘기 집)

1절 예수님처럼 온유한 사람들이라면
믿음 소망 사랑 넘치는 그런 집을 지어요
고넬료처럼 성령에 이끌림을 따라
온 가족 구원 은혜에 성령 충만해
예수님처럼 온유한 사람들이라면
믿음 소망 사랑 넘치는 그런 집을 지어요

2절 예수님처럼 섬기는 사람들이라면
기쁨 감사 기도 넘치는 그런 집을 지어요
베드로처럼 성령에 함께하심 따라
십자가 진리 전하며 말씀 충만해
예수님처럼 섬기는 사람들이라면
기쁨 감사 기도 넘치는 그런 집을 지어요

하나님과 관계없이 받는 고통들

10. 우리 주님은 (원곡 : 만남)

우리 주님은 십자가 지셨네
그것은 우리의 허물이었어
잊기엔 너무한 원죄였기에
씻을 수는 없었지만
죄 씻음 받았네
죄의 삯은 사망 회개 열매 구원
아 구원받은 은혜 잊지 말아라
찬양해 주님을 찬양 찬양 찬양해

후렴
죄의 삯은 사망 회개 열매 구원
아 구원받은 은혜 잊지 말아라
찬양해 주님을 찬양 찬양 찬양해

11. 예수님을 아시나요 (원곡 : 꽃순이를 아시나요)

예수님을 아시나요 빛으로 오신 예수님
나의 맘에 빛을 비추신 사랑에 내 구주 예수님
하나님은 사랑이라
첫사랑 예수님 내 구주 예수님
십자가에 크신 사랑보이신
그 사랑 내 구주 예수님

후렴
하나님은 사랑이라 첫사랑 예수님 내 구주 예수님
십자가에 크신 사랑 보이신 그 사랑 내 구주 예수님

하나님과 관계없이 받는 고통들

12. 자 회개하자 (원곡 : 고래사냥)

1절 술에 취해 방황하며 흥청거려도
오직 내게 남은 것은
죄와 슬픔뿐이네
하나님 품을 떠나 살아 봤지만
보이는 건 모두가
헛되고 헛된 거

자~ 회개하자 예수 이름으로
예수 예수
믿고 구원받아
천국 가는 길로

2절 인생 타령 신세타령 팔자타령도
이제 내게 남은 것은
죄와 죽음뿐이네
세월은 화살같이 빨리 지나고
남은 생애 주만 위해
멋지게 살리라

자~ 전하자 예수 이름으로
예수 예수 믿고 능력 받아
복음 전하리

13. 복음 들고 전도 하리 (원곡 : 조약돌)

사람들이 한 명 두 명 지옥에 떨어지고
영생 잃은 사람들은 슬피 울며 이를 가네
십자가에 흘린 피로 죄 사함 받은 자는
구원받아 영생 얻어 천국으로 가는구나

복음 들고 전도하리 많은 영혼 위하여
가을날에 추수단이 황금물결 넘치네
내 마음은 예수님 땅 끝까지 달려가서
복음만을 증거하리 내 생명 다하도록

후렴
복음 들고 전도하리 많은 영혼 위하여
가을날에 추수단이 황금물결 넘치네
내 마음은 예수님 땅 끝까지 달려가서
복음만을 증거하리 내 생명 다하도록

하나님과 관계없이 받는 고통들

14. 예수 믿어 예수 믿어 (원곡 : 밀양 아리랑)

예수 믿어 예수 믿어 예수를 믿어
나와 같이 구원받고 살아 나보소

혼인 잔치 열렸는데 기름등불 들고서
신랑 되신 예수님을 맞을 준비해

주를 찬양해 주를 찬양해 어깨춤을 추면서
성삼위 하나님께 영광 돌리세

아리 아리랑 쓰리 쓰리랑 아라리가 났네
갈보리 언덕으로 날 넘겨주소

15. 이렇게도 죄악이 (원곡 : 사랑만은 않겠어요)

1절 이렇게도 죄악이 괴로울 줄 알았다면
차라리 주님 품을 떠나지나 말 것을
이제라도 회개하니 죄 사함 받은 확신이

2절 이렇게도 불신이 힘이 들 줄 알았다면
차라리 주의 말씀 버리지나 말 것을
이제라도 회개하니 죄 사함 받은 확신이

후렴
다시금 세상이
나만을 유혹해도
넘어지지 않겠어요

하나님과 관계없이 받는 고통들

16. 옛날에 이 죄인이 (원곡 : 아씨)

1절 옛날에 이 죄인이 주님을
몰랐는데 십자가 보혈로
용서 받았네 구원 받았네
은혜 받았네

2절 옛날에 이 죄인이 주님을
몰랐는데 예수님 은혜로
택함 받았네 복을 받았네
사랑 받았네

후렴
골고다 언덕길 주님 가신 길
한평생 주만 위해 찬양하리라
이 생명 다 받쳐서 복음을 전하리

17. 주님을 떠나 살며 (원곡 : 돌아와요 부산항에)

1절 주님을 떠나 살며 고집 부리고
세상 유혹 받으면서 방황하며 살아 왔네

2절 성령의 능력으로 복음 전하리
이곳에서 땅 끝까지 십자가 세우리라

후렴
날 위해 십자가에 흘리신 피로
날 구속하신 주님 사랑에 내 아버지여
용서하신 아버지 성령의 하나님이여

하나님과 관계없이 받는 고통들

18. 새 계명을 너희에게 (원곡 : 낙엽 따라 가버린 사랑)

새 계명을 너희에게 주노니 사랑하라
내가 너희를 사랑하듯 너희도 사랑하라
내 계명을 지키는 자 나를 사랑한 자니
나도 그를
사랑하여 그에게 나타 내리
아 ~ 아~
주의 말씀 너무도 고마워라 서로 사랑하면
제자의 삶 되는 줄 왜 몰랐던가
사랑하는 이 마음을 나누리요 나누리요
주님 사랑 나의 사랑
나누면서 살아가리

후렴
아 ~ 아~
주의 말씀 너무도 고마워라 서로 사랑하면
제자의 삶 되는 줄 왜 몰라던가
사랑하는 이 마음을 나누리요 나누리요
주님 사랑 나의 사랑
나누면서 살아가리

19. 감사와 찬양을 (원곡 : 행복에 나라로)

감사와 찬양을 예수님께 드리어라 몸과 마음을 다해
손뼉을 치면서 모든 악기를 가지고 믿음으로 찬양해
나를 구원한 주님 예수님을 찬양해 기뻐 영혼의 소리 듣고 싶소
우리 모두 찬양 내 영혼이 소리 높여
우리 주님을 찬양합시다

눈이 오는 초저녁 교회 종소리 들으며
기도를 하게 됐소
벽에 작은 창가로 흘러드는 새벽 송
교회 아이들 소리
아, 나는 살겠소 주님 만난다면
몸과 영혼 성령 안에서
어떤 어려움 삶도 이겨 춤을 추겠네
나는 천국의 나라로 갈테야

수고하고 무거운 짐을 진자여 예수를 믿어보세
우리 삶 속에서 예수님 없이는 절망과 고통인 걸
고개 들고서 오세 손에 손을 잡고서
주님에 사랑을 기대하며
구원은 은혜요 은혜는 또 사랑이요
다들 천국의 나라로 갑시다
다들 천국의 나라로 갑시다

하나님과 관계없이 받는 고통들

20. 주 예수를 믿어라 (원곡 : 부모)

1절 세상은 악하고 사랑 없는
거리에 방황하는 많은 사람들
구원의 길 있네

2절 세상은 어둡고 캄캄한데
빛 잃고 헤메이는 모든 사람들
구원의 길 있네

후렴
주 예수를 믿어라
그리하면 너와 네 집에
구원을 얻으리라

The Suffering
That Is Suffered
Regardless Of God